JN061882

昭和史の本棚

保阪正康

幻戯書房

目次

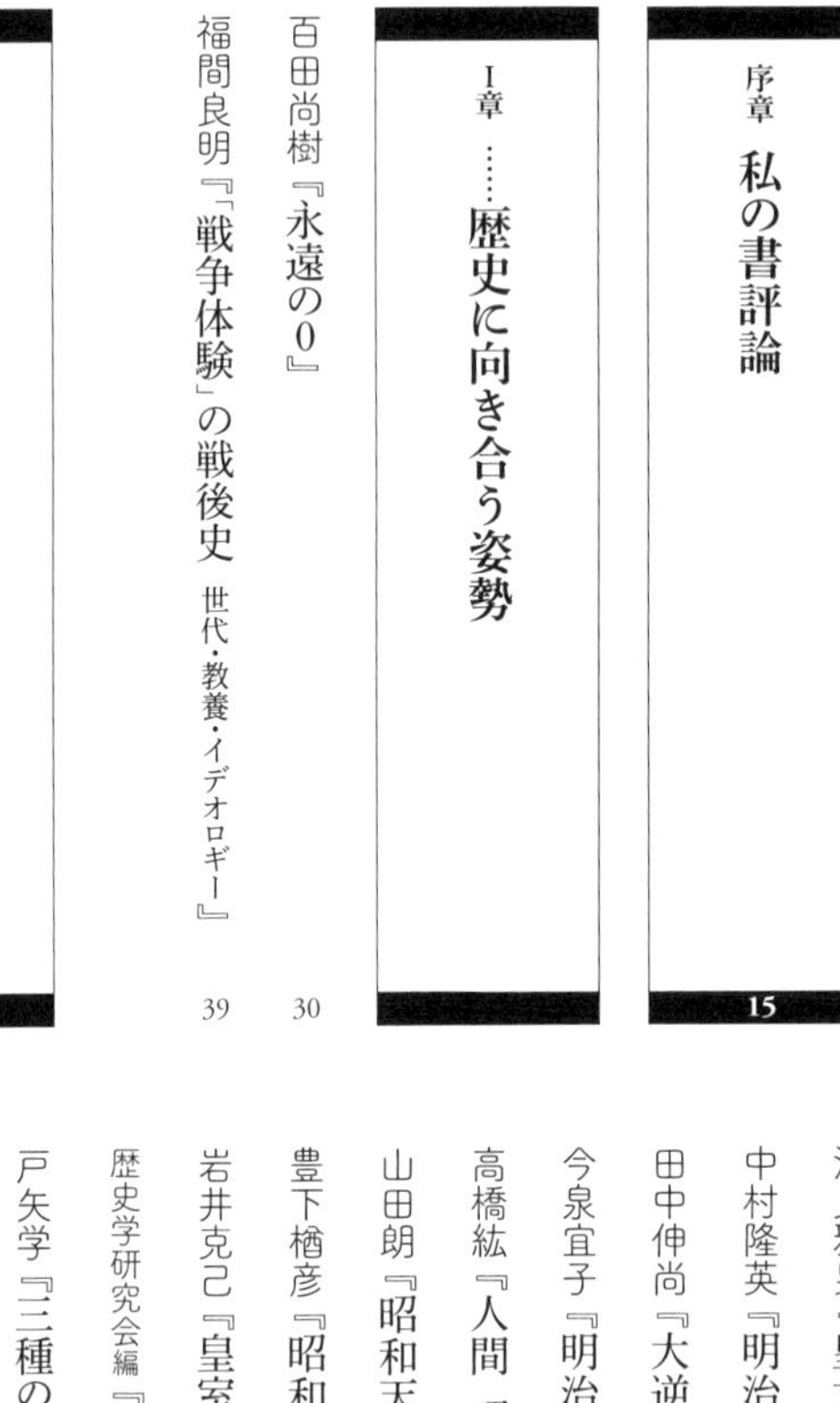

Ⅳ章……日中十五年戦争、満州、ロシア

V章……朝鮮人、台湾人、琉球人、アイヌ

VI章……銃後、徴兵、疎開

VII章……海外の眼

Ⅷ章……沖縄

Ⅸ章……科学、原爆、広島、長崎

X章……戦犯、裁判

XI章……占領

XII章……憲法

XIII章……メディア

XIV章……文学、思想

XVII章……六〇年安保、そして現在(いま)

装丁　佐藤絵依子
写真　紘志多求知

昭和史の本棚

序章

私の書評論

私が書評を書く楽しさを知ったのは、四十代の半ばから終わりの頃で、共同通信社の文化部が地方新聞へ配信する書評欄を五年ほど担当した時のことである。この欄は、文化部で本を選んで評者に依頼するというものではなく、また、委員会方式で選ばれた本を希望者が評するというものでもなかった。評者としての私には、もっと主体性が与えられていたのである。

その書評は月二回の出稿で、一冊を七百字ほどで紹介するという内容であった。私自身が書店へ行き、読みたい本を二冊選び、読んで書く。読後感だったり、率直な感想だったり、今なぜこの本が読まれているのかという社会時評だったこともある。思うがまま、自由に書いていいという書評であった。担当記者は何人か替わったが、時に私は社を訪ね、本の選択に偏りがないか、各地方紙の反応はどうかと、確認したものである。

それまで書評の依頼は単発のものが多く、自分で本を選んだこともなかった私は、この共同通信の仕事を通して、書店で未知の本と出会う楽しさ、喜びをあらためて知った。外出すると必ず書店を三つ四つ廻り、あらゆる分野の棚を見ては、読みたい本を選んだ。理科系の本を探し、選ぶことも自らに課した。知り合いの著者や編集者が手がけた本は避けるという内規も定めた。自分の目で選び、思うとおりに記すという書評の真髄を体験することができ、共同通信の仕事は私の財産になった。

私にはそれ以前の書評の仕事で苦い思い出があった。ある新聞社に頼まれたもので、映画関係者が書いた本と記憶する。たまたま私のよく知るテーマで、一読して奇妙に感じた。いくつかの類書を巧みに繋ぎ合わせたような新味のない本で、そんな感想をそのまま書いた。とくに批判めく書き方ではなかったが、突き放すような表現もあったと思う。私はまだ四十代の初めで、生意気盛りであった。

この書評が掲載されて一週間ほどのち、担当記者と雑談を交わしていた時、そうだ、この前の書評について著者から速達が届いたよと、手紙を見せられた。内容は怒りに満ちたもので、人身攻撃が凄まじく、私も愕然とした。その著者の年齢が六十代だったことは手紙を読んで知ったのだが、こいつの書いたものなど参考にしていない、こいつなんかにわかるわけがないと、類書の著者を「こいつ」呼ばわりしているのであった。そして、自分の本がいかに優れているかを、得々と書き連ねていた。激しい人身攻撃と過剰な自賛に私は疲れてしまい、手紙から目を上げた。担当記者は「こういうタイプがいるから書評は厄介なんだ」と顔をしかめた。私には初めての体験で、批判を寸分も許さない著者がいることを知り、以後、書評の仕事を引き受ける時は、いくつかの原則を明確にしておかなければならないと思うに至った。箇条書きにしてみよう。

①納得し難い本の書評は書かない。
②いかなる本でも七対三の構えでいく。
③著者の意図を正確に把握する。
④基本的な誤りを抱えている本の書評はしない。
⑤書評の字数は読んで決める。

いずれも当たり前と言えば当たり前のことだが、まず①について言えば、新聞社、雑誌社からの急な電話で、自分が書店で見つけた本以外の書評を頼まれることもある。そういう時は、著者名、タイトル、テーマなどを確かめたうえで、引き受けるか否かを決める。たとえ引き受けても、実際に読んでみて、納得し難い本だった場合は断る。断りきれなかった場合は、納得できるところを探して書くことになる。

とはいえ、納得できるところが皆無で、苦労したこともある。ある地方紙に頼まれた書評で、私はくだんの本のエリート臭にほとほと嫌気がさした。歴史的証言の聞き方や分析の手法などを扱う内容だったが、納得し難いばかりか、むしろ読者にマイナスの影響を及ぼすと判断し、この本に反感を抱くであろう人を励ますことを念頭に原稿を書いた。没になってもかまわなかった。案の定、担当記者には「一応、社として取り上げる以上、本の大半に意味がないという評では困る。何とかいいところを探して、書き直してくれないか」と言われた。くだんの本は官僚主導支持への誘導が目に余り、長所などないと伝えたのだが、結局、担当記者に、出版事情をめぐる無署名の欄があるから、そちらへ移していいかと聞かれ、正直ほっとした。書評も一つの戦いだと知る体験であった。

次に、②の「七対三の構え」だが、これは本に向き合う時、七割は肯定し、三割は否定するといった態度を指す。著者の考えの七割は受け入れ、三割は留保する態度とも言える。すべてを信じるのではなく、疑問を投げかける姿勢を堅持するこの三割のなかに、自らの主体性を託し、客観性を保つのである。たとえば、分析がわかりやすく、全面的に受け入れたくなるものの、しかし対立的見解にはきわめて狭隘（きょうあい）な反論を加える本があったとする。三割の留保とは、その狭隘さに対して距離を置くといった意味でもある。

また、私はイギリスのナチズム研究者イアン・カーショウ（一九四三―）の本を翻訳で大体読んでいるのだが、多くの知識を得ることができたし、分析について学ぶこともできた。カーショウの本と向き合う時は、緊張と期待で身体が震える。翻訳の意味が微妙で、内容を摑めない時は、原書にあたる。それでもわからない時は、疑問を積み残しにする。いずれ類書で理解することもあろうし、再び彼の本にふれてわかることもあろうと、ノートに書き留めておくのである。疑問を積み残すことで、私自身の探求心を養うと同時に、カーショウに対する客観性、適切な距離感も保たれる。これも三の構えに入ると言える。

本に向き合うということは、著者が背負ってきた時間、つまり著者の人生に対峙することでもある。読者の姿勢も自ずと問われよう。むろんすべての読書がそのような緊張感に縛られるものではない。ただ、何らかの学識や知恵、あるいは良識を身につける機会を与えてくれる本と向き合う時は、相応の姿勢、態度が求められると思う。徒（いたずら）に向き合い、疎（おろそ）かに対するのは非礼ともなろう。七対三の構えは、評すべき本への姿勢に安定感をもたらしてくれるのである。

次は③である。著者の執筆意図を正確に理解するには「序章」「終章」「まえがき」「あとがき」などを丹念に読み込むことだが、私には一つの方法がある。私の書評の鍵となる作業で、「あとがきの最後の五行」を見ることから始めるのである。

「あとがきの最後の五行」は、上梓にあたっての謝辞で占められることが多い。アメリカなどではプロローグから謝辞で埋め尽くされていることもあり、文化的慣習が異なる例だが、日本ではあとがきに記される場合が一般的で、恩師や担当編集者、パートナーの名を挙げるのが慣例だった時代もある。五十代以上の著者なら今も変わらないのではないか。

ところが、大学などの研究者、とくに若手のなかには、謝辞に延々と先達の教員の名を挙げたり、家族の名を列記する者がいる。世間の常識では考えられない、おためごかしの麗句が並ぶなど、読者がどう思うかが想定されておらず、まるでこう告白しているようなものである。

〈先生の教えを私は忠実に継いでいます。先生、読んでください。私の本には何ら目新しい見解はなく、先達の教えを引き継ぎ、保守しておりますので、どうかご安心ください〉

私は「あとがきの最後の五行」を見て、この本には新説も新視点もないと判断し、読むのをやめてしまうことがある。必要なら、謝辞に名を挙げられた「先生」の本を読めばいい。著者の執筆意図を探るための私の一つの手段だが、読むべき本はほかにもたくさんあるのだから、読書好きは自分なりの法則を身につけておくといい。

④も当然のことだが、基本的な誤りを抱えている本の内容など信用に値しない。本と読者の関係性を根底から崩すもので、ページを繰る気も失せる。

あるノンフィクションを読んでいた時のことである。その著者は昭和の初め頃、十八歳で大学を受験したという。早稲田など私学の名がいくつか挙げられていたが、もともとは軍人志望で、陸軍大学校を受験するも落ちてしまったと書いていた。しかし、陸軍大学校は十八歳では受験できない。昭和の陸軍や近代史に通じる者なら、誰もが知っている。一連の記述はまったくの出鱈目で、私は読むのをやめた。

陸軍大学校は軍内の教育機関で、陸軍士官学校を卒業し、隊付き勤務を経て、連隊長の推薦をもらい、尉官のある時期に受験できる。受験時は大半の年齢が二十代後半から三十代初めになっている。一般の大学と同じように考えているのは、無知の証である。十八歳で陸軍大学校を受験して不合格だったから、などと書くのは、平気で嘘をつくことに等しい。

著者の思い違いや錯覚とは言えないこのような誤り、いや虚言が記されているものは、ほかにもたくさんある。戦時下、大元帥の立場にあった昭和天皇（一九〇一―八九）が、戦場で前面に出て、采配を振るうのを、あたかも見てきたかのように克明に描くものがあるが、これも大きな間違いで、その種の本をノンフィクションとして読む価値はない。昭和史に向き合う者なら知っておかなければならない史実に反する記述があると、ノンフィクションとしては信頼し得ず、むろん私は書評の対象にしない。たとえ頼まれても、史実が改ざんされていることを担当記者にはっきり伝え、きっぱり断る。それが礼儀だと考えるからである。

⑤について、たとえば朝日新聞の書評欄の字数は、千百、八百、四百と、三段階に分かれている。書評したい本と出会った時、私は何字で書けばその良さを充分に伝えられるかを考える。本を評する適切な字数を考える時間がまた、読書好きにはたまらないのである。

海外の書評の字数に比べると、日本の字数は全体に少なく、単なる本の紹介にすぎないとの意見もある。もっと評者のこまやかな分析を載せられるよう、字数を増やすべきだとの意見もある。しかし、はたしてそうか。書評の役目とは、大まかに言えば、本と読者の間に橋を渡すことである。評者のこまやかな分析以前に、書評文化への理解をもっと広げる必要があり、あくまでも現状は、まず紹介して刺激を与えるのが最大の目的だと私には思える。

評者が本の持つ歴史的、社会的、文化的論点を抽出しながら、自分自身を語るということの蓄積が、書評文化を育むと私は考えている。書評文化への理解をもっと広げるためには、たとえば、明治期に海外の本を紹介した思想家、中江兆民（一八四七―一九〇一）などの文章が参考になるかもしれない。また、作家の井上ひさし（一九三四―二〇一〇）は、ベストセラーを取り上げて戦後の社会を論じた『完本　ベストセラーの戦後史』（文春文庫　二〇一四）などを刊行している。井上のような試みも、一つの道筋になるかもしれない。とはいえ、書評文化の現状あるべき姿など定義し難いし、書評文化への理解度も現代の日本ではなかなか深まりそうにない。文壇、論壇を含めて、書評文化論を新聞、出版の世界に定着させようとする動きは、今のところ見当たらない。

私は平成二十一年（二〇〇九）から朝日新聞の書評委員を務めている。月に二回、委員が集まり、百冊余から書評対象の本を選ぶ（二〇二〇年の委員会はコロナ禍で中止となり、メールでのやりとりだったが）。どうしても書評したい本、できれば書評したい本、読んでから考えてみたい本といった分け方をし、各々が投票する。ほかの委員と選択が重なった場合は、議論のうえ誰が読むかを決める。委員会方式は互いに刺激になる。自分が読む時の参考にもなる。極めて民主的かつ相対的な広がりを持ち、現状では最も有効な方法であろう。委員会方式に馴染むと、将来の書評文化の内実を理解できるようにも感じる。

朝日新聞の書評委員会に参加していると、さまざまな人との出会いがある。純文学作家、評論家、研究者、言論人、画家、歌人、翻訳家など相手の肩書はさまざまで、ふだんなら知り合うことがなかった委員たちと「書評」について会話を交わすのが楽しみになった。奥泉光（一九五六―）、赤坂真理（一九六四―）、穂村弘（一九六二―）など各氏との対話は大いに参考になった。横尾忠則（一九三六―）、柄谷行人（一九四一―）の両氏の慧眼にも教えられた。

書評に対する考え方、書評原稿への取り組み方も、各氏各様であることを知った。ただ、そのなかでも、とくに二つのタイプがいることに私は気づいた。一つは、書評すべき本のなかへ飛び込んでいくタイプである。本をプールにたとえるなら、そこへ飛び込み、自在に泳ぐ。私は密かに飛び込み型と呼んでおり、自身の外皮と本の中味がふれ合うようなイメージの書評である。もう一つは、本を自身のなかに取り込むタイプである。内容を噛み砕き、胃袋で消化するイメージの書評で、取り込み型と呼んでいる。この二つの混合型など、むろんほかのタイプもいるが、私には稀だと思える。

私のことを言えば、今は飛び込み型に徹している。四十代で担った共同通信の書評では、対象の本を噛み砕いて腑に落とし、栄養素を活字にするというような、取り込み型を採っていた。これはこれで楽しかったが、自身のなかでしか消化できない書評になってしまうことがある。また、取り込み型にのみこだわると、読み違えた場合、大きな誤りを犯すという怖さも身に染みた。あくまでも昭和史関連では、飛び込み型でも取り込み型でも、読み違えることはなかったが、しかし自然科学や小説などの分野では、結果、分析を誤ることがあった。

不得手な分野で取り込み型を採ると、その本のテーマや構成に理解が及ばず、著者の意図を摑めない場合がある。これは私の本への書評でも感じることだが、牽強付会と言うか、評者が自身のテーマに引き寄せて、とんでもない読み違えをすることがある。そんな時は、基礎文献を読まずに評していることが透けて見える。また、取り込み型の書評を受けた時、何だか偉そうな、上から目線での議論を吹っかけられたように感じたこともある。いずれにせよ型は、好むと好まざるとにかかわらず、書評を載せる媒体の威を借りることにもなるわけだから、自制が必要であろう。

　取り込み型は、体内で消化したエキスを外へ吐き出すイメージで、これを書評というかたちに昇華させる方法である。思うに取り込み型には、消化したその本の特質を今一度咀嚼し、再び体内に取り込むという反芻が必要なのだと思う。私は取り込み型ではないが、反芻の重要性は意識しておきたい。

　一方の飛び込み型は、あらゆる本に対して学ぶ姿勢、謙虚さが求められる。本のなかへ飛び込んで泳ぎまわり、内容を摑むわけだが、むろん泳いだ感想を書いただけでは、広報役を務めたにすぎない。プールから上がり、タオルで身体を拭かなければ、いい書評にはならない。飛び込み型の書評には、身体をタオルで拭く時間が盛り込まれていなければ意味がない。これが単なる広報役と一線を画す技術だと思える。

　プールから上がり、タオルで身体を拭くというイメージはつまり、書評すべき本を読んだうえで、そこから一度離れることを意味している。たとえば、海外の本の訳文に違和感を抱くとする。訳語は適切なのか否かといった疑問が湧くと、原著を繙く。すると、私自身の語彙と訳文のニュアンスが異なっていたことに気づく。訳文のみに浸かったままだと見えてこない景色である。このように、対象の本からいったん離れるという過程に、タオルで身体を拭くイメージを私は重ねているわけだが、書評には重要な手順だと思う。広報役を務めたにすぎない書評は、この過程を経ていないのではないか。

　書評論と読書論はむろん異なるが、真の読書家の態度には教えられることがある。真の読書家として私がまず思い浮かべるのは、首相経験者の石橋湛山（一八八四―一九七三）である。石橋は読書について、次のような感想を書き残している（『石橋湛山全集　第十四巻』東洋経済新報社　二〇一一）。

「学問は何でもそうだが、ただ本を読み、言語の上で理くつを知っただけでは、いわゆる畳の上の水練になり、実際の役には立たない。それでは学問そのものも、死んでしまう。本を読んだら、そこに書いてあることを絶えず実際の問題に当てはめ、自己の思考力を訓練し、学問を実生活に応用する術を習得しなければならない」

ただ本を読むだけで終わらせてしまうと、著者が想定した枠組みのなかに留まる以外、広がりはない。得た知識、教訓を現実に生かすことで、本の内容を超越し、さらなる高みへと昇華する準備が整う。石橋はそう言っているように私には読める。まさに読書の然るべき姿であろう。この読書論は、むろんそのままでは書評論にはならないが、しかし書評とは、その本の持つ有効性を読む者に与え得るか否かが問われる行為だと、私は思うのである。

新聞社や出版社の単発の依頼から始まり、大きな糧となった共同通信での連載、そして、委員会方式で常に刺激を受ける朝日新聞の書評など、私は四十年近く、いろいろな場で書評やそれに類する原稿を書いてきたわけだが、一方で四十代の後半から、カルチャーセンターの講師もいくつか務めてきた。現在も三つの講座を担当している。そんななか、あらためて認識を強めたことがある。〈本を読む人と読まない人の歴然たる相違〉である。延べ二万人を超えるカルチャーセンターの受講者の質問を受けつづけるうちに、「ああこの人は本を読んでいるな」とか「この人は読んでいないな」といったことが、すぐわかるようになった。そんな認識を前提に質問に応じなければ、質問者と私の間の理解は曖昧なままで、質疑応答が終わってしまうのである。本をあまり読んでいない質問者に共通するのは、思い込みの激しさであった。

あえて書くが、本をあまり読んでいない人には、次のような三つの特徴がある。

①形容詞、形容句を常用、多用する。

②説明を飛び越し、いきなり結論を言う。

③どのような事柄を語るのでも、五分以上はもたない。

加えるなら、自制や自省に欠けるタイプが多く、感情の振れ幅も大きい。むろん本を読む人が立派で、読まない人が愚かだと言っているのではない。ただ、読書し、理解が深まれば、自らの言動をどこで抑制すべきかの知識も得られると、私は言いたいのである。

昭和の軍人が単調で思い込みが激しく、自制や自省に欠けていたのは、読書量が少なかったからである。感性が育つと面倒との理由で、軍人教育ではむしろ一般書や教養書は読むなと厳命されていた。逆に、本をよく読んだタイプは戦争に消極的で、その終結に努力した。これは歴史的事実で、記憶しておくべき点である。

太平洋戦争下の指導者だった東條英機（一八八四―一九四八）は、軍事関連書しか読まなかった。昭和五十年代の初めに東條の評伝を世に問うた私は、その軌跡を追うなかで驚かされたことがある。読書をする軍人を、東條は軽侮していたのである。「あれは軟弱だ。文学なんか読んで」とか、「本を読むようなやつは真の軍人にはならない。天皇陛下の御心ざしを受け止めるだけでいい」などと平気で言い、戦争は「勝つまで続ける」タイプであった。一方、昭和十一年(一九三六)の二・二六事件で暗殺された陸軍の教育総監の渡辺錠太郎(一八七四―一九三六)をはじめ、永田鉄山(一八八四―一九三五)や今村均(一八八六―一九六八)などは読書家として知られていた。渡辺などは青年将校の頃から給料の半分を書籍購入に注ぎ込んだと言われている。渡辺のような読書家は、軍事について、膨張するのではなく、政治とのバランスをとりながら役目を果たすべきだという理解を持っていた。渡辺が指導者だったら、太平洋戦争の意味も変わっていたことであろう。

本を読まない人の三つの特徴に話を戻せば、知識に厚み、深みがなく、感性や耳学問で事象を捉え、判断する傾向が見られる。ゆえに形容詞などで言葉の表面を飾るだけで、話が続かず、いきなり結論を下す。普通なら思考の経路を語ったうえで結論を述べるはずだが、読書量の少ない人は、言いたいことを言うだけで、そう思うに至ったプロセスを説明できない。耳学問ゆえとも考えられる。

このようなタイプを、書評を読む者の対象から外していいものか。いや、このようなタイプにこそ、書評した本を手に取ってもらいたい。とすれば、書評文化とは、読書で実生活が豊かになるという評者の確信を、さりげなく文中に込めることの蓄積なのではないか。先の石橋湛山の読書論を下敷きにした書評論が有効かもしれない。

本を読まない人の三つの特徴は、敗戦以前の昭和の社会に通ずる、危険な発想を生む。私の書評は、これに抗う闘いでもあると思いたい。

＊

本書は朝日新聞での書評を中心にまとめられている。初出は各篇の末尾に付した。

本文は加筆訂正している。評した本の著者の当時の肩書や生没年なども、その際加えたものである。

また、引用文中の〔　〕は私の註で、ルビも適宜加えている。

序章と終章は、本文を貫く今の思いを書き下ろした。

Ⅰ章……歴史に向き合う姿勢

百田尚樹
『永遠の0』

講談社文庫　2009年7月

目新しくない「右傾化」

新聞などで「右傾化」という言葉を目にする機会が増えました。たとえば平成二十六年（二〇一四）の東京都知事選挙では、元航空幕僚長で、かねてから日本の自主防衛などを唱えてきた田母神俊雄（一九四八―）氏が出馬、約六十一万票を獲得しましたが、殊にインターネット上で発言をする、若い世代の票を集めたと話題になりました。

さらに、田母神氏の応援演説に立った作家の百田尚樹（一九五六―）氏が、「南京大虐殺はなかった」、東京裁判は東京大空襲や広島、長崎への原爆投下を「ごまかすための裁判だった」云々と持論を展開したことも話題になりました。

百田氏は安倍晋三（一九五四―）首相との対談本（『日本よ、世界の真ん中で咲き誇れ』ワック　二〇一三）でも同様の主張を繰り返しています。こうした現象や言説を取り上げて、日本は「右傾化」しているとの声が、一部メディアや識者の間で上がっています。また、特攻隊を扱った百田氏の小説『永遠の0』（太田出版　二〇〇六／講談社文庫　二〇〇九）が四百万部の大ベストセラーになり、同映画も観客動員数が六百三十五万人を越える大ヒットになりました。

私は百田氏の一連の発言を読みましたが、その内容に何ら驚くべきところはありませんでした。今になって突然、語られはじめたものではないからです。

私は、旧軍人や昭和初期の右翼団体の指導者、また戦友会などに太平洋戦争の実態を聞くなかで、同じような話に何度も接しました。先の戦争で日本は間違っていなかった、東京裁判の内実はアメリカの復讐だ――こうした意見は、戦後脈々と語られてきたものです。私は、昭和史を研究するなかで、彼らの思いや発言の背景にある心理に、ずっと関心を抱いてきました。

いわゆる「右傾化」問題に私が感じるのは、戦後を形成した言論の世界が、転換期を迎えているということです。この言論世界の歪み（ゆがみ）が何を意味するのか、論じてみましょう。

アメリカの軍事力に支えられた「平和」

昭和から平成までの思想の潮流には、オモテの言論とウラの言論があったと私は捉えています。オモテの言論とは、政府および新聞やテレビなどの大メディアが支持し、一般社会でも主流と見なされている考え方です。仏教用語の「顕教（けんぎょう）」と言い換えてもいいでしょう。ウラの言論はその逆で、多くの人に受け入れられるものではなく、時代の潮流とは離れた考え方で、「密教」に該当すると言えます。

これを昭和十年代の日本に当てはめると、オモテの言論としては「軍事主導体制」や「帝国主義」への讃歌がありました。政府や大メディアは、この「顕教」に則った言葉で世論を動かしていたわけです。「民主主義」「自由主義」「共産主義」「天皇は神ではない」といった言論はウラに回り、地下に潜って、知識人や一部の庶民の間で囁（ささや）かれるだけでした。

それが昭和二十年（一九四五）八月十五日を境に、劇的に変わりました。敗戦を機に密教だった「民主主義」「反軍主義」がオモテとなり、「戦後民主主義」となりました。その転換の中心的役割を担ったのが、朝日新聞やＮＨＫです。

一方、戦前戦中に主流だった考え方はウラに転じました。私が戦友会や旧軍人に聞かされた「史観」もその一つでした。戦友会や右翼陣営の間では「本当は、あの戦争は聖戦だったんだよ」とか「南京事件はなかったんだよ」といった話が平然と語られていました。しかし、オモテからは見向きもされなかったし、またウラの側も、オモテに取って代わろうという意識は希薄で、社会的認知の低い言論でした。田母神氏や百田氏らの言説は、明らかに戦友会や右翼陣営の流れを汲むもので、何ら新しい説得力を獲得したものではありません。二人の論は戦友会で語られていたものと基本的に同じなのです。

思うに現代の「右傾化」とは、昭和二十年八月十五日から「顕教」でありつづけた「戦後民主主義」の後退でしょう。私は、情報などを国が恣意的に秘匿し得る、特定秘密保護法（二〇一四年十二月十日施行）には反対ですが、それを批判する際に新聞が使う「治安維持法の再来」とか「軍靴の響きが聞こえる」といったレトリックだけでは、もはや説得力を感じません。それは戦前の日本が抱えていた諸問題を「軍部の独走」

といった一語で片づける粗雑さに通じます。

その粗雑さが政治、外交面で表れたのが「平和主義」だったと思います。「戦後民主主義」は「平和憲法」を誇りましたが、平和は一国でなし得るものではありません。正確には「非軍事憲法」と言うべきでしょう。

戦後日本の平和を支えたものが「平和憲法」ではなく、「日米安保」すなわちアメリカの軍事力だったことは明らかですが、「戦後民主主義」はこれを認めませんでした。国際政治学の泰斗、猪木正道（一九一四―二〇一二）の言葉を借りるなら、まさに「空想的平和主義」だったのです。その欺瞞がもはや説得力を持たなくなっている。

私の見るところ「右傾化」とは、退勢の明らかになった顕教「戦後民主主義」側が貼ったレッテルでしょう。百田氏がＮＨＫの経営委員になっていたことに強い反発があったのは象徴的です。

百田氏の発言やツイッターを読んで感じるのは、口語体で歴史を語ることの恐ろしさです。口語体には、史料を吟味し、歴史の詳細を実証するというプロセスを経ず、結論だけを強調する特徴があります。感情に強く訴える反面、言いっ放しになり易い。とくにツイッターは百四十字という字数制限のために、言い切り型、決めつけ型の文章になる傾向があります。

百田氏とゲッベルス

百田氏はツイッターで相手を否定する時に「アホ」「カス」といった言葉を使い、議論を終わらせます。公の場でも同じで、選挙の応援演説では対立候補を「人間のクズ」と言い、批判も浴びましたが、これでは議論の進めようがありません。

口語体とワンフレーズの併用には中毒性があります。さらに過激に、さらに印象的にと言葉が際限なく増長し、理性を失ってしまうのです。事実に基づいて、冷静に歴史を語る際には、よほど気をつけないといけません。歴史はまた感情の棲み処でもあるからです。

百田氏はテレビの放送作家を長年続けてきたと聞きますが、口語の印象的な使い方、エスカレートのさせ方が巧みです。安倍首相との対談のなかでも、

「より強く訴えかけないとダメですよ！　それも繰り返し繰り返し、同じことでも何度も言い続けることが重要です」（前掲書）

と、その極意を語っています。外国ではアドルフ・ヒトラー（一八八九―一九四五）の宣伝役だったヨーゼフ・ゲッベルス（一八九七―一九四五）が同じ意味のことを言っています。しかし、それでは単なるアジテーションになってしまいます。そして、本人すら制御不能になりかねません。

日本では昭和初期の論壇に蓑田胸喜（みのだむねき）（一八九四―一九四六）という人物が登場しました。慶応大学予科の教授だった蓑田は、原理日本社という政治団体を結成し、「自由主義」や「民主主義」を唱える者を徹底的に攻撃しました。なかでも天皇機関説の美濃部達吉（一八七三―一九四八）を執拗に狙いました。蓑田の著作には「国賊美濃部を討て」と、視覚効果を狙った大きい活字で、アジテーションが繰り返されました。視覚効果や口語など感情に訴える手法の危険性が表れた一例です。

反自虐史観と平和主義の安易さ

百田氏は前掲書のなかの「安倍晋三論」において、戦後の日本では「子供たちに「日本を嫌いにさせる」教育が行われてきた。それが「自虐思想による教育」である」と言っています。私はこういう言い方をまったく好みませんが、ただ一面の事実を含んでいるとは思います。私も多くの日教組関係者に話を聞いてきましたが、「戦前戦中の日本」を単純に謗（そし）る態度は、彼らの多くに共通するものでした。

しかし、問題はそのあとです。百田氏は「子供に与えなければならないのは、「誇り」と「自信」である」と言います。これを歴史教育でやれば、おかしなことになる。「戦前の日本を否定するための歴史」と「日本を誇りに思うための歴史」はコインの表裏のようなもので、どちらも事実から外れていってしまいます。「平和主義」にせよ「反自虐史観」にせよ、何か予め旗を立てたうえで歴史を論じることは安易です。山とある史料のなかで、自分の論旨を補強するもののみを選び、並べるだけだからです。

一例を挙げてみましょう。百田氏の小説『海賊とよばれた男』（講談社　二〇一二／同文庫　二〇一四）のなかに、昭和三年（一九二八）の張作霖爆殺事件についての記述があります。

「張作霖の暗殺の首謀者は関東軍の参謀・河本大作大佐と言われているが、これには諸説あって今日でも決定的な証拠はない」

一見、書きぶりは抑制的で、確かに昨今、一部の論者が、張作霖（一八七五―一九二八）の爆殺は、関東軍の犯行ではなくソ連の陰謀であると唱えています。

しかし、首謀者の河本大作（一八八二―一九五五）の発言や、現地へ行った日本の政治家、軍部の動きを史料で辿り、また、事件の三ケ月後に政府内に設置された調査特別委員会議事録などを読めば、関東軍の謀略だったことがわかります。それら膨大な史料すべてを覆さなければ、新説は説得力など持ち得ません。死者数はともかく、南京大虐殺についても同様です。

一方の「平和主義」も、その旗の下には、ただ賛同するだけの人ばかりを集めています。自分の主張に合わないものは排除する。歴史を学び、自分の考えを吟味するのではなく、自分の主張を正当化するために歴史を利用しているのです。

「自分はちゃんと史料を読んだ」という場合でも注意が必要です。たとえば、太平洋戦争への道のりを知るには、最後の元老と言われた西園寺公望（一八四九―一九四〇）の側近原田熊雄（一八八八―一九四六）の日記『西園寺公と政局』（岩波書店　一九五〇―五二）や、開戦時に参謀総長だった杉山元（一八八〇―一九四五）の『杉山メモ』（上下　原書房　一九六七／普及版　二〇〇五）など、基本的な文献がいくつもありますが、こういった史料をどう読むかは、実はとても難しい。時代背景や人物関係が頭に入っていないと意味がわからず、執筆意図や史料として残された理由から考えなければいけません。歴史を立体的に把握し、語るということは、本来それだけの労力を要するものなのです。

海軍の特攻における「部外秘」

百田氏自身は口語と「文」の世界とを使い分けているようにも思います。

歴史書ではありませんが『永遠の0』を読むと、さまざまな登場人物に異なる史観、ものの見方を託しつつ物語を進めています。もちろん作者の志向が強く表れてはいますが、それは小説家の特権でしょう。

特攻に関しては、これまでも多くの人が証言、検証を重ねてきました。どのような話でも、人間の極限状態における生と死に関わるものばかりです。私もある特攻基地の参謀の日記を見たことがあります。特攻機の一部は無線が「オン」になっていたのですが、その日記には、いかなることがあっても「部外秘」という文字とともに、「今日もまた海軍の馬鹿野郎と叫ぶものあり」と書かれていました。これが多くの特攻隊員の、最後の言葉だったのです。「天皇陛下万歳」でも「お母さん」でもなく、ただ海軍を怨み死んでいった姿が浮かびます。

　数年前ですが、千葉県で講演をした時、一人の元整備兵が私を訪ねてきました。彼によると、特攻兵はいざ出撃の命令が下ると、泣いたり失神したりと、目も当てられない状態だったそうです。それを彼ら整備兵が無理やりコックピットに座らせて、出撃させたそうです。「私は彼らを殺したのです」と洩らしていました。

　特攻の命令を下していたある指揮官は、戦後、送り出した部下たちの家を一軒ずつ訪ねて、霊を慰めました。そして、最後の遺族の家を訪ねた帰りに、汽車に飛び込んで亡くなった。毒をあおるのでもなく、首を縊（くく）るのでもなく、汽車という物体に飛び込むことで責任を果たそうとしたのです。

　ともかく、『永遠の0』に感動した読者には、これを入り口にして、実際の兵士たちの手記や手紙などにも手を伸ばしてほしい。

　前述のとおり、私は戦後日本の「密教」とも言うべき声に多く接してきました。彼らの声を要約すれば、「あの戦争は、正しかった」ということになります。声高に語った多くは元軍人、元兵士で、戦前戦中の「顕教」のなかに生きた人たちでした。その心情は存在理由に関わり、歴史の事実認識では異なる点の多い私にも、理解できる部分があります。しかし、何度か話を聞くうちに、彼らの視野の狭さに気づきます。

　彼らは戦前からの価値観に加え、戦地での体験や見聞、そして感情に基づいて話すのですが、自身の主観を離れた議論がなかなかできないのです。だから、同じ体験、同じ考えの戦友たちの間だけで、「密教」として語り合うほかなかった。その「狭さ」は、今「右傾化」と捉えられた人たちの議論にも通ずるものがあります。

　とはいえ、少し違った人にも出会いました。関東軍の作戦班長だった草地貞吾（くさちていご）（一九〇四―二〇〇一）さんです。彼はシベリアに抑留され、ソ連軍の厳しい拷問に耐えた強靱な精神の持ち主でした。敗戦の十一年後に帰国し、一時期、国士舘高校・中学の校長を務めていました。

草地さんはいつも滔々と、「あの戦争は、何一つ間違いじゃない」と論じられました。私が「関東軍は、ソ連軍が侵攻してくると、在留邦人を見捨てて逃げ帰ったんじゃないですか」と聞くと、「大本営の「対ソ静謐保持」という作戦に従っただけだ」と答えて、議論は平行線を辿るばかりでした。喫茶店内いっぱいに響きわたる大声で反論されたこともありました。

むろん当初は疑問と反発を抱きました。しかし、草地さんは何度も私に会ってくれて、自身の体験、信じるところを語ってくれました。取材をしているのか、議論の相手をしているのか、よくわからない関係になり、草地さんから「君とは妙に気が合うな」と言われるまでになっていました。

あの戦争をすべて肯定する草地さんの思想は、最後まで受け入れることができませんでしたが、彼との間には議論が成立する「心がまえ」があったと感じます。つまり、二人は互いの意見を聞きながら、自分の意見を確かめていたのです。

残念ながら昨今の「歴史論争」を見ていると、そうした議論を成立させる「心がまえ」がない。意見の異なる人を理解しよう、そして、共通の前提として史料などを読み、相手を説得しようという姿勢に乏しいのではないでしょうか。

両者とも同じ考えのお友だちばかりで集まり、異なる立場の人を説得することができず、互いに一方的なレッテルを貼り合って勝利宣言をする。「戦後民主主義者」も、それを批判する側も、同じ穴のムジナでしょう。

対米関係における矛盾と空想的平和主義の破綻

百田氏が一小説家として「南京大虐殺」はなかったと言い、「東京大空襲と原爆投下は大虐殺」だったと言っても、それだけでは「右傾化」と呼ばれることはなかったでしょう。それが大きな問題としてメディアに取り上げられたのは、百田氏が安倍首相と対談をしたり、NHKの経営委員になったりと、「権力」との距離が近くなったからだと思います。

しかし、この現象は、基本的には、安倍首相とその周辺にいた政治家たちの側の責任が大きかった。かつての密教的言説が「権力」に接近している以上に、「権力」が接近してきているからです。

私は、安倍首相がアメリカとの関係をどう考えているのか、不審の念に堪えませんでした。たとえば、平成二十五年（二〇一三）の安倍首相の靖国神社参拝をめぐって、当時のアメリカは公式に「失望した」とコメントを出しました。キャロライン・ケネディ（一九五七―）駐日大使が、百田氏の発言を問題視し、NHKへの出演に難色を示したという騒動にもなりました。これは、単に対中関係に配慮しただけではないと私は考えます。

東京裁判（一九四六―八）からサンフランシスコ講和条約（一九五二）に至る戦後処理は、アメリカのイニシアチブで行われた政治決着のプロセスでした。日本はポツダム宣言（一九四五）を受諾し、降伏しています。宣言は「一切の戦争犯罪人に対しては厳重なる処罰加へらるべし」と明記しています。つまり日本政府は、軍事裁判が開かれることを承知したうえで、連合国に降伏しているのです。

靖国参拝と安倍首相の唱えた「戦後レジームからの脱却」をあわせて考えると、国際秩序への挑戦という解釈が成り立ちます。当時の中国はこれを最大限に利用しました。

靖国参拝でよく比較される小泉純一郎（一九四二―）首相は、いわゆるA級戦犯を戦争犯罪人と認めていました。また、日本遺族会会長だった元衆議院議員の古賀誠（一九四〇―）氏は、靖国参拝について話を聞いた時、「私も二心ある」と語っていました。彼の父親は一兵士として戦死し、靖国に祀られています。古賀氏は参拝はするが、東條英機（一八八四―一九四八）ら当時の指導者は拝まないといった口ぶりでした。彼らの世代の自民党の政治家は、このように各自の考えで戦後の現実とのバランスをとっていました。

一方、安倍首相の参拝は、政治家としてのバランス感覚を欠く態度だったとしか言いようがありません。首相補佐官だった衛藤晟一（一九四七―）議員が「こちらのほうが、失望した」と、逆にアメリカ政府を批判しましたが、慌てて撤回したとはいえ、「権力」の偏りも窺えました。

繰り返しになりますが、このような歴史観は、戦後社会の密教の側で受け継がれてきたものです。時折「失言」という形で噴出したこともありますが、しかし、それが「失言」や「暴言」に留まっていたのは、自民党のなかでブレーキが利いていたからでしょう。

私も、東京大空襲や広島、長崎への原爆投下など、アメリカの無差別攻撃は、戦時下とはいえ許されざる行為だと考えていますし、東京裁判が歴史の正当性を決するような性格のものではないと考えています。

しかし、敗戦や占領、国際社会への復帰もまた動かし難い「史実」です。現実の政治は「過去」を乗り超えることはできても、取り消すことはできません。戦後の「密教」たる「大東亜戦争肯定論」の最大の弱点は、戦後という現実を乗り超える力を持たないことなのです。

中国の脅威と対峙するなかで、集団的自衛権の強化など、安倍首相はアメリカとの関係を重視したように見えます。その方向性と、歴史観にまで踏み込んだ「戦後レジームからの脱却」は、矛盾するのではないでしょうか。

いささか逆説めきますが、私は、「戦後レジームからの脱却」という考え自体には、反対ではありません。戦後の「顕教」だった「戦後民主主義」、就中「空想的平和主義」は、すでに形骸化したと考えているからです。

しかし、顕教側の人たちは、私のように考えること自体を「右傾化」と批判します。かつて彼らは進歩主義と言われたものですが、今や立派な保守性を露わにしています。時代に対する目の開き方が鈍いと言わざるを得ません。結局、彼らは、制度疲労を起こした空想的平和主義に依存するばかりで、新たな規範を産み出す想像力を持ち得ていないのです。

考えてみれば「空想的平和主義」は、「軍部さえなければ日本は負ける戦争をしなくて済んだはずだ」という空想の産物だったとも言えるでしょう。その考え方もやはり、敗戦という歴史を無化しようとする心情に支えられていたのではないでしょうか。この点でも顕教と密教はよく似ており、コインの表裏と言えます。

安倍首相の唱えた、早急な憲法の改正を含む「戦後レジームからの脱却」には、私は反対です。今後の日本が向かうべき道を探るには、まず「現実」と向き合い、学び尽くすことです。「現実」には当然「歴史」も含まれます。安易に感情的な結論は下さず、複雑極まる歴史の事実を見つめるのです。そして、異なる見解を持つ相手でも、その発言に耳を傾け、自分なりに考え、共通の了解を積み上げていく努力を重ねるのです。日本人が誇るべきは、謙虚な努力を積み重ねる姿だと思います。

（文藝春秋　2014年4月号）

福間良明『「戦争体験」の戦後史　世代・教養・イデオロギー』
中公新書　2009年3月

昭和二十四年（一九四九）刊行の『きけわだつみのこえ』をタテ軸に、戦争体験の継承という知的作業がどのような意味を持ってきたかを分析した書だ。歴史社会学者の福間良明は昭和四十四年（一九六九）生まれだから、同時代の観点ではない。戦後に編まれた関係書を読み、まとめたことになる。

昭和期の戦争に向き合う時、私は、記憶を父とし、記録を母として生まれた子を、教訓として後世へ伝えてゆくべきだと考えてきたが、本書はその教訓の重みを持つ、新しい世代による一冊だ。

『きけわだつみのこえ』を編んだ日本戦没学生記念会のメンバーたち。また、彼らとは別に、戦争体験の継承を担った論者たち。そこには、旧制高校の内省的教養主義から、現代の青年の傍観者然とした姿まで、さまざまな像が浮かんでくる。

著者のキーワードは「断絶」にある。戦後各期にどのような断絶があったかを問い、ために戦争体験の力点がどこへ置かれたのかを具体的に検証している。たとえば一九六〇年代には、「戦中派」と「若い世代」の間に戦争体験をめぐる「コミュニケーションの断絶」があったという。記憶を持つ世代と持たない世代の根源的な対立だったということだろう。また戦後のある時期には、大正教養主義が保守主義と化し、戦争体験を持つ世代がマルキシズムに傾いて、両者が激しく対立することになったと指摘している。このような断絶は、戦後日本社会における世代間対立に通ずる。

本来、戦争体験と戦場体験の内実はまったく異なる。著者は前半でそのことにふれているが、元軍人の作家村上兵衛（一九二三―二〇〇三）や学徒出陣の経験がある評論家安田武（一九二二―八六）の言を紹介しながらも、深い検証は行っていない。なぜ戦場体験者は日本戦没学生記念会を離れていったのか。あるいは『きけわだつみのこえ』収録の、無実の罪で処刑されたＢＣ級戦犯木村久夫（一九一八―四六）の遺稿を、なぜ一部の知識人は曲解するのか。

木村の遺稿には、自身の意思に反する時代を生きた学徒の、純粋な怒りがある。「戦後」を生きる知識人の弁明や言い逃れが、すでに断罪されているとも受け止められる。

これらは、より深く検証すべき問題だろう。もはや語ることのできない戦死者、また沈黙を守る戦場体験者の声が、本書の行間には詰まっているのだから。

（朝日新聞　２００９年５月31日）

Ⅱ章……天皇

半藤一利
『あの戦争と日本人』

文藝春秋　2011年1月

多様な読み方ができる書だ。あえて著者半藤一利(一九三〇―二〇二一)の史観によるナショナリズムの捉え方を踏まえて読み進めると、いくつかの発見がある。偏狭な「大」国家主義と怜悧(れいり)な国民主義の違いがわかってくる。

たとえば、私たちがいかに四文字七音を好むか。大政奉還、王政一新、文明開化に始まり、昭和に入るとまさに四文字七音の氾濫(はんらん)だと著者は指摘する。「日本人の感性に合っている」というわけだが、しかし王道楽土、万世一系、鬼畜米英と、しだいにこの感性も歪(ゆが)んでいく。八紘一宇(はっこういちう)という戦争の目的は「誇大妄想的な理想」の典型だと説いている。

明治から昭和までを独自の方法で俯瞰(ふかん)する語り口で、この国の政策が思い込みと増長でいかにリアリズムを失ったかが明かされる。私たちは、国家の現実に対する適応力の喪失を、十二の項目で教えられるのだ。

日露戦争後のナショナリズムは、国家目標の喪失により「大和魂」や「愛国心」がしきりに強調されたことで育まれた。国防問題に政府を関与させない慣行も定着して、政治と軍事が「真ッ二つに分かれている国家」ができあがった。この歪みが昭和期には矛盾の海となった。少年期はそこで泳いでいたようなものだという響きが、著者の語りに滲む。その矛盾、偏狭を正そうと、冷徹な眼を持つ者も昭和の軍部にはおり、何人かの名を挙げているが、共感しつつも、なぜ彼らは主流たり得なかったのかという思いが募る。

昭和天皇(一九〇一―八九)もこの歪みを正そうとした者の枠組みに入ると著者は言う。「昭和の軍部と政治指導者」がその「よき人柄につけいった」との論は、今後さらに実証されるべき視点でもある。

日露戦争、統帥権、特攻隊、八月十五日などの項目は、図らずも熱狂を帯びたこの国が崩壊するプロセスでもあるが、そこから学ぶべきは「自制と謙虚さをもつ歴史感覚を身につけること」という言は、あらためて嚙みしめておきたい。

(朝日新聞　2011年4月10日)

浅見雅男
『皇族と天皇』
ちくま新書　2016年12月

日本史上、特異な存在だった明治以降の皇族。彼らは、どのように産み出され、いかなる事件を引き起こし、天皇を悩ませたか。明治維新から昭和天皇（一九〇一―八九）の退位問題まで、近現代の皇族を通観した書。

室町から江戸期に成立した四親王家の伏見、桂、有栖川、閑院に加え、王政復古前後に六宮家の中川、山階、東伏見、華頂、北白川、梨本が誕生した。慶応四年（一八六八）の太政官布告では、四親王家以外の宮家は一代限りとされた。

これら「天皇の藩屏」たちがいかにその守護者たろうとしたかを、元文藝春秋編集者で著述家の浅見雅男（一九四七―）は明かしていく。外国の王家との結婚の可否から宮中某重大事件、昭和の戦時の皇族たちの姿が描かれる。天皇周辺の思惑と皇族たちの考え方の相違に、近代日本の矛盾や葛藤も見えてくる。

当初、皇室典範審議の折、伊藤博文（一八四一―一九〇九）が明治天皇（一八五二―一九一二）の意を受けたのか、永世皇族制度を否定し、皇族の臣籍降下を盛り込もうとしていた自らの姿勢を一変させた経緯の記述は、現代との関連で意味深い。明治天皇は国の「君主」であると同時に、天皇家の「家長」であることの責務を自覚した、との推測は納得できる。

（朝日新聞　2017年3月5日）

浅見雅男
『皇太子婚約解消事件』
角川書店　2010年4月

近代日本の皇太子妃はどのように決まったのか。本書は、大正天皇（一八七九―一九二六）となる嘉仁親王と、貞明皇后（一八八四―一九五一）となる九条節子の婚約の経緯、およびその間の宮中内部の葛藤の実相を解き明かしている。

　これまで昭和天皇（一九〇一―八九）と香淳皇后（一九〇三―二〇〇〇）の結婚については、妃内定の際、その血統の色覚異常を疑う山縣有朋（一八三八―一九二二）らが婚約辞退を迫った「宮中某重大事件」などが語られてきたが、実は大正天皇の場合にも「婚約内定取り消し事件」があった。この事件の検証が不充分だった理由としては、明治期の基礎文献を読みこなし、皇族の家系図を正確に把握し、軸となる回想録や日記を見出す研究者の不在が挙げられる。著者の浅見雅男（一九四七―）はこの穴を埋めるべく、明治三十年代の皇太子妃決定の背景に多様な問題が隠されていることを伝える。

　伏見宮貞愛親王（一八五八―一九二三）の第一女である禎子女王（一八八五―一九六六）が、十数人の候補者のなかから皇太子妃に内定する。明治二十六年（一八九三）五月、禎子女王はまだ八歳だった。性質や容貌、また皇族であることを、明治天皇（一八五二―一九一二）がいたく気に入ったのだ。将来、病弱かつ気弱な皇太子を支え得るとも考えたのだろう。

　お妃選びについて、明治天皇は宮中顧問官で内親王の養育掛だった佐佐木高行（一八三〇―一九一〇）を関わらせた。著者は佐佐木の日記『かざしの桜』を基に独自の分析を交えながら、なぜ婚約解消に至ったかを説く。婚約から五年半後の明治三十二年（一八九九）三月、天皇は「婚約を解く」ことを、前宮内大臣の土方久元（一八三三―一九一八）をして貞愛親王に伝えさせた。禎子女王に結核の疑いありとの侍医団の報告を受け、側近に説得され、逡巡を重ねた末の決断だった。結果、皇太子妃は公爵九条道孝（一八三九―一九〇六）の娘の節子に決まるわけだが、この間の著者の説明は、伊藤博文（一八四一―一九〇九）の皇太子観や他の皇族などの不満、嫉妬をも紹介しつつ、密度の濃いものとなっている。とくに、天皇が貞愛親王へ婚約の解消を伝える際、どれほど気を使ったかについて、既存文書の矛盾を解説しながら明かしていく筆致は秀逸で、宮中内部の葛藤の実相に迫っている。

　著者の理解の底には、「健全な」明治が昭和で崩れたとの思いがある。宮中側近や政治指導者の、あるべき臣下としての姿勢を問う記述には納得させられる。

（朝日新聞　２０１０年6月20日）

中村隆英

『明治大正史』（上下）

原朗、阿部武司編　東京大学出版会　2015年9月

明治から大正の終わりまでは六十年ほどになるが、本書はこの六十年を、幕末から説き起こし、口語体で平易に解説している。平成二十五年に死去した経済学者中村隆英（一九二五―二〇一三）の口述記録を門弟が編集した書で、その幅広い知識と啓蒙的な役割をあらためて確認できる。

明治、大正という時代の素顔を実証的、人間的に見ていくと、いくつもの発見がある。著者は総じて明治草創期の元勲たちに好意的なのだが、とくに伊藤博文（一八四一―一九〇九）については「やらなければいけないとなったら、無理にでもそういう政策をちゃんと実行するところがあった」と評価する。立憲主義は西園寺公望（一八四九―一九四〇）や原敬（一八五六―一九二一）に引き継がれたとの見方が貴重である。

日本の近代化は他のアジア諸国とは異なった。他の国々は欧米と交流しても、そのような国になろうとはしなかったのに、日本は攘夷を捨てて開国を決めるや、欧米のように「なろう、学ぼうという姿勢をとる」。日本のリーダーたちが揃って欧化を目指したところに、この国の強さと弱さが露呈しているということだろう。

明治天皇（一八五二―一九一二）が他の天皇と異なり、なぜ大帝と言われるのか、その分析もユニークだ。御前会議でも表立った発言はせず、権威や貫禄を保つ、つまり沈黙こそが有力な武器だった。それを意識しつつ、臣下の者は懸命に職務をこなす。つまり「結果として、明治時代は大きな間違いが起こらずに済んだ」。

著者の関心は歴史年表に刻まれている政治家のみならず、実業家、軍人、官僚、思想家、文化人、芸能人などにも及ぶ。そして、多くは相応の識見があったとの人間観を持つ。一方で、日清戦争（一八九四―五）で国家予算の七倍もの賠償金を獲得したことが、国に対する軍人の奉公観を増長させたという歴史上の定説も、あらためて想起させる。専門の経済史が下敷きになっているので、説得力を持つ刺激的な「知」の書だ。

（朝日新聞　2015年11月22日）

田中伸尚
『大逆事件　死と生の群像』
岩波書店　2010年5月

　国家体制の破壊のために元首暗殺を企てたとして、幸徳秋水（一八七一―一九一一）ほか二十五人が一斉に逮捕、起訴されたのが明治四十三年（一九一〇）である。秘密裁判で一ケ月ほど審理、二十四人に死刑判決を下し、うち十二人は減刑されたが、七日以内に十二人を処刑している。検察側が「十一月謀議」なる虚構を捏造し、無実の人を処刑した国家の犯罪と言っていい。

　ノンフィクション作家の田中伸尚（一九四一―）が「彼らの遺族やその周辺をめぐる旅」を始めたのは平成九年（一九九七）頃という。著者はこの旅を「道ゆき」と称し、二十六人の被告の人生やその児孫たちの向き合い方、冤罪が晴れない理由、検事ら国家権力の非人間性、たとえば平沼騏一郎（一八六七―一九五二）の行状などを次々と私たちの眼前に示す。

　一貫して無罪を訴え、再審請求を行っていた坂本清馬（一八八五―一九七五）に戦後、検事の一人が洩らした「あのときはああせざるを得なかった」との言は、国家による犯罪の残酷さを雄弁に裏づけている。そして著者の筆は、近代日本の天皇制権力が市井の人びとに刃を向けた怖ろしさを執拗に訴える。

　国家権力に抗うという姿勢ではなく、ただ正義の側に立つ人びとがいた。たとえば弁護人の平出修（一八七八―一九一四）や謀叛の普遍性を説いた徳冨蘆花（一八六八―一九二七）、遺族慰問の行脚をした堺利彦（一八七一―一九三三）。そして、松尾卯一太（一八七九―一九一一）、大石誠之助（一八六七―一九一一）、森近運平（一八八一―一九一一）など事件に巻き込まれて処刑された被告たちを静かに支える人もいた。逆に、墓所を造るな、戒名を変えろと圧力をかけた警察は、彼らの存在を抹殺しようと必死だった。むしろ、無実の人を裁いた後ろめたさ、その歴史に残る罪業に、国家権力自体が脅えていたことがわかる。

　和歌山県新宮市議会が二十一世紀最初の年、平成十三年（二〇〇一）に、紀州出身の被告六人の名誉回復宣言を満場一致で可決したことは重い意味を持つ。司法には判決を覆す度量がないのだが、私たちが検証し、史実を語り継ぐことで、国家の犯罪に抗する武器としなければならない。百年という時空を超え、歴史を国家権力から解放せよと、著者の声が聞こえてくる。その誠実な態度こそ、著述家の役割であろう。

（朝日新聞　2010年8月29日）

今泉宜子

『明治神宮　「伝統」を創った大プロジェクト』

新潮選書　2013年2月

神宮造営運動は、明治天皇（一八五二―一九一二）崩御の二日後から始まったという。渋沢栄一（一八四〇―一九三一）関係の事業年表には「御陵墓ヲ東京ニ御治定ニナルヤウ当局ニ陳情スルコトヲ協議ス」とあり、運動は渋沢と、娘婿で東京市長の阪谷芳郎（一八六三―一九四一）を中心に広がっていった。

明治天皇を祭神とする神社づくりに、どのような人物が、いかなる発想で、自らの存在を賭けて挑んだかを本書は説いていく。その先達のなかから、明治神宮国際神道文化研究所主任研究員の今泉宜子（一九七〇―）は、とくに十二人を丹念に描くのだが、図らずも「近代日本」の造園学、公園学、林学などいくつかの学問体系が整備されていく過程も理解できる。なぜなら、終始、運動を先導した阪谷には、神宮創建に身を捧げた人びとの思いを後世に伝えようとの意志があった。あるいは、恥ずかしくない造営をと檄を飛ばしたその思いには、自身が生きた時代の能力を、歴史に刻み込もうとの意志があった。

代々木の原生林を杜とし、祈りの空間を創出させるという使命感。本多静六（一八六六―一九五二）、本郷高徳（一八七七―一九四九）、上原敬二（一八八九―一九八一）ら林学や造園学の専門家たち。とくに上原は境内林の理想として仁徳天皇陵に注目した。また、建築家の伊東忠太（一八六七―一九五四）や佐野利器（一八八〇―一九五六）、造園家の折下吉延（一八八一―一九六六）らが各自の専門分野を生かした。伊東の「社殿と社殿の調和」という発想には、当時最先端の建築学の研究成果を見ることも可能だ。

内苑計画において、神殿に跪く者の心理を考え、林学系と農学系が散策空間をつくったとの見方。また、聖徳記念絵画館に展示する絵の「画題選定ノ方針」には、明治天皇を「正面ヨリ描クヨリモ寧ロ側面」とあるのだが、「権威」に対する既存の解釈への、著者の新しい見方も示されている。また、著者が丹念に描いた十二人の一人、全国の青年団を動員して造園を進めた「青年団の父」田澤義鋪（一八八五—一九四四）については、その筆致に畏敬の念が滲む。造営に関わった無数の庶民の姿が、ごく自然に想起される書だ。

（朝日新聞　2013年4月14日）

高橋紘

『人間　昭和天皇』（上下）

講談社　2011年12月

昭和天皇（一九〇一—八九）の伝や論の刊行が相次いでいるが、従来とは異なる視点が目立つ。先行書には皇室記者会に所属した皇室記者の系譜がある。この一連の書には、確かに昭和天皇と会話を交わしたという強みがある。だが、それゆえに客観性、歴史性に欠けることが危惧される弱みも抱え込んでいる。本書も皇室記者の系譜に連なるが、その強みを意図的に突出させながら、弱みの克服を試みている。つまり、客観視する姿勢を貫いている。

過剰な思い入れや配慮を排し、冷静に、客観的に、一つの史実の裏側、背景や人間関係などを平易に記述している。皇太子時代の、第一次世界大戦後の戦跡を見て感じたという非戦の思い。皇女、皇子を手元で育てたいと望みながら、貞明皇太后（一八八四—一九五一）や元老西園寺公望（一八四九—一九四〇）に反対され、挫折したこと。弟宮、とくに高松宮（一九〇五—八七）とは戦争責任をめぐる発言で不仲だったこと。ほか香淳皇后（一九〇三—二〇〇〇）の非社会的態度、侍従入江相政（一九〇五—八五）ら宮中側近の時代感覚のズレなども具体的に書き込み、読者に正確な情報、知識を提示している。

元共同通信社会部長の著者高橋紘（一九四一—二〇一一）の論点は明確で、それは昭和天皇即位（一九二六）

後の二つのイメージで示される。一つは、宮城前広場での学生や青年団員ら七万人余による行進を、外套を脱ぎ、氷雨に打たれながら親閲する「国民と共にある姿」。もう一つは、「現人神」の強制のために「配布された御真影」。天皇の本意と体制の建前のズレ、昭和開始時の歪みを論じるのに、軍事上の大元帥という身分を通してではなく、矛盾の「併存」という視点で向き合った著者の姿勢は貴重である。

　張作霖（一八七五—一九二八）爆殺時の首相田中義一（一八六四—一九二九）への叱責、ダグラス・マッカーサー（一八八〇—一九六四）との第一回会見時の発言、さらには美智子皇太子妃（一九三四—）の「聖書事件」など、真偽取り混ぜて流布する巷説を、事実に従い整理している。昭和五十年代以降「政治的渦中にある」靖国神社への参拝拒否も、天皇の東京裁判の受け止め方に関わっているという著者の見方こそ適切に思う。

　著者はがんとの闘病のなかで千枚余の原稿を書き上げた。本書を見ずに逝った著者の指摘は、歴史的記憶、記録となるべきだ。

（朝日新聞　2012年1月29日）

山田朗

『昭和天皇の戦争　『昭和天皇実録』に残されたこと・消されたこと』

岩波書店　2017年1月

アジア太平洋戦争において、「大元帥」として日本を破滅の淵から救った平和主義者——多くの人が抱いている昭和天皇（一九〇一—八九）のイメージは真実か。昭和天皇研究の第一人者が『昭和天皇実録』を読み解いた一冊である。

『昭和天皇実録』は「官」が編んだ「公式の記録」である。ゆえに昭和天皇を「平和主義者」と読ませるよう意図的な記述がなされていると、著者の山田朗（一九五六—）は言う。とくに戦争関連の記述を取り上げ、どのような部分が削られているかを実証し、自身の論を裏づけた。

　たとえば日中戦争（一九三七—四五）の初期、昭和天皇が現地軍の行動を抑制し、事態の打開を図ったとの記述が『実録』にはあるが、戦闘が本格化するや前言を翻し、積極的作戦を促しており、その史実が「消されている」と言う。また太平洋戦争下では、アッツ島の玉砕（一九四三）を機に、強い口調で統帥部に「決戦」を命じており、この史実も既存の史料で明らかなのだが、『実録』には記述がないと。

「官」側の『実録』のみで昭和天皇の実像は確認できない。これまで「民」側も実証的に昭和天皇の姿を記録してきており、両論を突き合わせ、史実を摑むことで、「大元帥」の実像にも迫れる。著者は『実録』の記述の功罪を示し、昭和天皇と戦争の読み方を説いている。

（朝日新聞　2017年4月16日）

豊下楢彦
『昭和天皇の戦後日本〈憲法・安保体制〉にいたる道』
岩波書店　2015年7月

昭和二十年（一九四五）八月十五日の敗戦から講和条約発効までの六年八ヶ月間、天皇制には二つの危機があった。一つは憲法改正時の廃止の危機、もう一つは東西冷戦下の内外の共産主義勢力による打倒の危機である。この二つの危機を昭和天皇（一九〇一—八九）はどう乗り切ったのか。そこに見られるリアリズムを検証した書である。

占領史に関心を持つ豊下楢彦（一九四五—）は『昭和天皇実録』を読みこなした。そして、自身のこれまでの視点を確認、調整し、二つの危機を凌いだリアリストの相貌をありのままに浮かび上がらせた。本書は『昭和天皇実録』を解析した貴重な一冊とも言えよう。

六年八ヶ月の間、昭和天皇は「歴史」と戦いつづけた。具体的にはGHQ最高司令官のダグラス・マッカーサー（一八八〇—一九六四）と。あるいは、日本軍国主義の清算のために東條英機（一八八四—一九四八）らと。その東條との絡みを辿ると、天皇が戦争責任をどう捉えていたかもわかってくる。

侍従次長の木下道雄（一八八七—一九七四）が願い出て、昭和天皇は独白録を作成する。さらに、東京裁判用に英語版までつくる。この英語版を急いだ理由が、マッカーサーとの二回目の会見に関わりがあることを、著者は指摘している。

東條が東京裁判で用いた国家の論理はかなり杜撰で、「責任者の〝無責任さ〟の極致」であった。それを昭和天皇が不快に思い、遠ざけたことが、結果的に天皇制の温存につながった。著者はマッカーサーとの会話における政治性を推測しつつ、天皇の胸中に入り込む。天皇の矛盾もまた浮き彫りになっていく。

昭和天皇は、共産党を封じ込めるための関連法案が解体されたことに「誠に遺憾」との意思を示した。またマッカーサーとの会話では、東西冷戦下、日本が西側陣営に留まるための条件として、アメリカ軍による沖縄の基地利用なども申し出た。『実録』には、講和条約を話し合う人物について、昭和天皇がマッカーサーに伝言していたことなども明かされているが、その点は著者も重視している。

なお、終盤でふれる首相安倍晋三（一九五四―）の、あまりにも軽すぎる戦後レジームの清算論に対しては、「歴史家」としての怒りが伝わってくる。

（朝日新聞　2015年9月13日）

岩井克己『皇室の風　宮中取材余話』

講談社　2018年7月

天皇制は何が変わり、何が残されようとしているのか。昭和と平成の皇室の歩みを、三十年余取材してきた岩井克己（一九四七―）が、宮中で目にし、耳にし、感じたことを綴っている。

象徴天皇とは何者か。さまざまな分野で発せられてきたこの問いについて、著者は「今も解を求めてさまよいつづけているのではないか」と言う。戦前、戦後で立場が変わった昭和。出発時から象徴だった平成。著者はこの転換の分析を「解」の鍵として論証する。

著者は元朝日新聞編集委員で皇室記者歴三十年の見聞を折々記事にしてきた。本書は月刊誌の平成二十年（二〇〇八）九月号から三十年五月号までの連載をまとめたものだが、皇室内部での見聞を歴史的、学術的に整理した点で、類書にはない独自の天皇論となっている。

戦後の昭和天皇（一九〇一―八九）の退位をめぐる侍従長の見識。秩父宮（一九〇二―五三）の葬儀にふれながらの、宮中祭祀の相対化が進むとの予測。平成の天皇（一九三三―）が病を押して被災地へ駆けつけた「鬼気迫る姿」。ほかにも国民が知るべき皇室の史実がたくさん記されている。皮相部分での議論の軽薄さが持つ問題を浮き彫りにする点でも、本書の果たす役割は大きい。

（朝日新聞　2018年9月29日）

歴史学研究会 編

『天皇はいかに受け継がれたか　天皇の身体と皇位継承』

加藤陽子責任編集　績文堂出版　2019年2月

歴史上、天皇の存在はどう位置づけられてきたのか。皇位継承の法式はどう変化したのか。天皇自身は政治や社会の変化にどう対応したのか。こうした問いに、本書は通史的かつ世界史的観点から迫っている。

平成から令和への改元前後、天皇関係の書が相次いで刊行された。本書もその一冊だが、二十二人の研究者による論文集で、内容の充実度は高い。責任編集の加藤陽子（一九六〇―）によれば、天皇が地位存続のために政治や社会の変化にどう対応してきたかを動態的に分析し、その要因を明かすことが刊行の意図だと言う。平成二十八年（二〇一六）八月の、生前退位という天皇の意志表示を、各期を担当した研究者が古代、中世、近世、近代の譲位や皇位継承と比較しながら論じている。

中世を担当した新田一郎（一九六〇―）は、南北朝の対立が皇位争いに絡んでいると記す。公家たちの「家」存立の思惑と武家たちの守護で北朝への統一が果たされるのだが、皇統は「直系継承」される「家」に収束したという。そのうえで新田は、「天皇家」と「天皇制」の存続は同じではないと指摘し、「歴史」に囚われないために、歴史学が必要とされるかもしれないと示唆する。

近世を論じた藤田覚（一九四六―）は、後陽成天皇（一五七一―一六一七）から明治天皇（一八五二―一九一二）まで十六代の皇位継承を表で示す。そこから短命の天皇が多いこと、皇子皇女の夭折、新宮家の創設が一つだけだったことなどを引き出す。中世にはいなかった女性天皇が二人登場したのも、こうした事情だったという。

一方で、譲位を政治的に利用することもあった。後水尾天皇（一五九六—一六八〇）は六回、孝明天皇（一八三一—六七）は三回、譲位の意向を明らかにしている。幕府に対する強い抗議のためだ。孝明天皇の最初の譲位表明は、安政五年（一八五八）の日米修好通商条約調印への怒りによるものだった。

戦後天皇制については河西秀哉（かわにしひでや）（一九七七—）が論じている。昭和三十四年（一九五九）の皇太子明仁（一九三三—）の結婚と「ミッチー・ブーム」の状況を、週刊誌の報道を用いて分析する。昭和天皇（一九〇一—八九）の退位論が、戦争責任論とは別に、祝賀のなかで持ち出されたことに注目している。河西の世代の研究者による天皇制の捉え方は、「政治」とは距離を置いており、視点が新鮮だ。

（朝日新聞　2019年5月4日）

戸矢学
『三種の神器〈玉・鏡・剣〉が示す天皇の起源』
河出書房新社　2012年12月

「三種の神器」について詳しく知る者は多くない。本書はその八坂瓊曲玉（やさかにのまがたま）、八咫鏡（やたのかがみ）、草薙剣（くさなぎのつるぎ）について、「日本文化の根源に存在する」との理解のもとに、『古事記』『日本書紀』以前の史料や口承、あるいは独自の分析も織り交ぜながら説いている。専門用語が多いが、記述は平易なので、玉、鏡、剣の意味もよくわかる。

「三種の神器」を制度化したのは第四十代天武天皇（？—六八六）だという。そして「三種の神器」が「皇位の象徴」と認知されるようになったのは、「天武朝の広報担当者が優秀」だったからとの指摘もある。玉は宮中、鏡は伊勢神宮、剣は熱田神宮に祀られている。記紀により公式に認定されたが、玉とは別に鏡と剣を宮中の外に祀ったこととの公表にも、独自の演出があったという。

「三種の神器」の思想は御霊（ごりょう）信仰であり、この信仰では崇り神を「祀ることによって守護」とする。ゆえに各神器と信仰の関係や、第十代崇神天皇の世に直面したとされる国家存亡の危機についての記述は興味深い。歴史作家の戸矢学（一九五三―）が独自に分析した「日本文化の根源」をめぐる一冊である。

（朝日新聞　２０１３年３月３日）

Ⅲ章……国政、軍政

板谷敏彦
『日露戦争、資金調達の戦い　高橋是清と欧米バンカーたち』

新潮選書　2012年2月

ウォール街で長く働いた作家の板谷敏彦（一九五五―）は序文で、本書に戦闘シーンはないと断わり、「金融市場の側面から日露戦争全体を見直そうと試みた」と記している。この視点で日露戦争（一九〇四―五）を説く書がなかったことを思うばかりか、新しい発見が二つあった。

第一の発見は、近代日本の因と果の関係が図らずも裏打ちされていること。第二の発見は、国際金融市場のメカニズムのなかで「戦争」がどのように理解されているかを、少なくとも日本の有能な財政家たちは把握していたこと。あえてもう一つ補足するなら、日露戦争時の軍事指導者たちが、国家の財政の枠内でどこまで戦えるのかを知っていたことが挙げられる。たとえば奉天占領後、参謀本部は新たな作戦方針を立てるのだが、満州軍総参謀長の児玉源太郎（一八五二―一九〇六）は東京に戻り、大本営参謀総長の山縣有朋（一八三八―一九二二）らに、さらに一年間ロシアと戦うのなら、二十五万人の兵力と十五億円の戦費が必要だと訴え、次の作戦計画を中止させている。のちの昭和期とは大違いで、こうした見識は関東軍にはなかった。

第一の発見について言えば、たとえば明治三十八年（一九〇五）十月に、首相の桂太郎（一八四七―一九一三）とアメリカの実業家ハリマン（一八四八―一九〇九）が、南満州鉄道の日米共同経営を唱えて交わした「桂・ハリマン協定」に対し、翌年一月、外相の小村寿太郎（一八五五―一九一一）がこれを破棄したことに表れている。それを機に「満州は二十億の軍資金と十万の大和民族が流した血で獲得」されたという論理が、大正、昭和期の軍人の思想の骨格を成すことになるのである。この論理を「因」とするなら、「果」としての昭和期の犠牲はあまりにも大きすぎた。もちろん、近代日本が国際社会へ雄飛する際、常に脅威となったロシアとの関係性が「因」で、「果」として戦争に至ったこともわかる。

だが、類書が見当たらぬうえ、独自の視点かつ論理的な記述で説得力があると言い得る本書の意義は、第二の発見で裏づけられる。戦費調達のためにアメリカ、ヨーロッパへ赴いた高橋是清（一八五四―一九三六）と深井英五（一八七一―一九四五）の動向や、二十世紀初頭における国際金融市場のメカニズムの詳述が、戦争が軍事だけではなく、金融市場の冷徹な論理に曝されることを教えてくれるのである。「当時のロンドン市場は、世界中の金利や為替、株式、コモディティや船舶の価格、保険料までを取引」しており、あらゆる価格情報が世界に発信されていたという。日本国債の位置づけなども語られている。新興国日本がベアリング商会などを有力な投資先と考えていた内幕なども語られている。シティやウォール街が巨大な力を持つなか、日本の財政家は戦費調達を目ざして投資家との人間的なつながりを築いた。そして財政理論を吸収し、情報を発信した。まさに「財政家による日露戦争」だったとも言えよう。

旅順要塞攻略の進展により日本公債価格が順調に上昇していく経緯を提示するなど、戦況への多様な視点の必要性を本書は訴えている。そして、多角的に捉えられた日露戦争像を媒介に、現在の国債依存の不自然さをも実感させられる、貴重な書である。

（波　２０１２年３月号）

北岡伸一
『官僚制としての日本陸軍』
筑摩書房　２０１２年９月

本書について、日本近現代政治史の北岡伸一（一九四八―）は冒頭で「近代日本における政軍関係の特質を、さまざまな角度から明らかにしようとするもの」と述べている。明治国家で確立した政軍関係がいかに解体されたかの追究に主眼を置き、日本陸軍の誤謬（ごびゅう）を、昭和のある時期を起点に明治の建軍期まで遡って検証している。

内容は五つの章から成る。昭和五十四年（一九七九）、同六十年（一九八五）、平成三年（一九九一）に発表した論文がそれぞれ第三章、第二章、第一章にあてられ、新たに書き下ろした序章の「予備的考察」と第四章の

「宇垣一成の一五年戦争批判」が加えられている。序章は、明治憲法の不透明さが、政治家や軍人によってどのように克服されていたかを記す。就中、政党と軍の協調関係が一定のバランスを保っていたことが論じられる。また、陸軍内部の派閥についても具体的に説いている。たとえば陸軍大臣―次官―軍務局長―軍務課長という陸軍省軍務局の主流ラインについて、とくに軍務局長が長州出身者で占められていた事実を指摘する。

著者は具体例を示したあと、さりげなく自説を置く。明治陸軍の内部には、軍事上の専門知識をさらに追求したグループ「月曜会」が生まれるのだが、その過程にふれながら、統帥権の意味が、ヨーロッパと日本では逆さまであることに注目すべきだと説く。「近代的な軍を守ろうとする性格」の統帥権がなぜ歪んだかを、読者に考えさせる筆の運びとなっている。

前述のとおり第三章は昭和五十四年（一九七九）に発表された論考ながら、視点が正確で鋭い。とくに、昭和六年（一九三一）九月の満州事変から同十一年（一九三六）二月の二・二六事件までの四年半を丹念に辿り、宇垣一成（一八六八―一九五六）の系譜を引く南次郎（一八七四―一九五五）陸相の軍制改革を論じた点は読み応えがある。

また第二章の、大正四年（一九一五）から翌年にかけての、反袁世凱（一八五九―一九一六）政策下の「支那通」の軍人たちの歴史観についても読み応えがある。山縣初男（一八七三―一九七一）らの雲南援助論など、むろん帝国主義的側面もあるが、辛亥革命（一九一一）後の中国で果たすべき日本の役割を分析したその特徴を吟味すると、著者がこの周辺分野の研究の枠組みを広げたことが、あらためて理解できる。

圧巻は、著者なりの視点で描き出した軍人、政治家としての宇垣一成像ではないか。宇垣についての研究は未だ充分とは言えないが、宇垣が明治陸軍の功罪を背負いながら大正という時代を動かし、そしてこの系譜を継いだ者が昭和で何をしたかを、著者は冷静に記している。首肯できる。ゆえに日記から昭和の宇垣の心情を解いた第四章は首肯できる。もし東條英機（一八八四―一九四八）ではなく、宇垣が首相だったら、アメリカとの戦争は避けられたかとの仮定には、説得力がある。

（朝日新聞　２０１２年10月21日）

斎藤隆夫
『斎藤隆夫日記』（上：大正5年～昭和6年／下：昭和7年～24年）
伊藤隆編　中央公論新社　2009年9月／11月

昭和十年代、軍事主導体制の強化が進むなか、これに抗した反軍政治家として、斎藤隆夫（一八七〇―一九四九）の名は語り継がれるだろう。

本書を読んでいくと、日本的共同体に谺する国民の声を議会に反映させるのが、立憲政治の基だと斎藤が考えていたことがわかる。明治三十九年（一九〇六）に自費出版した欧米の国会の研究成果『比較国会論』に「国民の意識を以て政治の原動力と為す」と記し、立憲政治家たろうと志を立てたとある。本書は、この思いを原点とする斎藤の、政治家生活三十数年の日々の記録と言えようか。

上下巻で、大正五年（一九一六）から昭和二十四年（一九四九）までが収められている（昭和二十二年は欠）。反骨の議会史たり得るとはいえ、一政治家の苦悩や喜びも伝わってくる。宴会での品のない話に辟易したり、また政治家たちの嫉妬、支援者からの励まし、家族との団欒なども記されている。「来訪者なし」との記述には孤独が滲む。だが何よりも興味深いのは、「歴史」に出くわした時の、本質を衝いた簡潔な表現だ。二・二六事件の勃発には「軍規薄弱、憤慨に堪へたり」「戦時気分現はる」、ドイツのポーランド侵攻には「之れより世界は沸騰すべし」、そして、太平洋戦争が始まった昭和十六年（一九四一）十二月八日には「是より国家益々多難なるべし」と冷静に、敗戦時には「予の予想全く適中す」と記した。

昭和十五年（一九四〇）二月二日の反軍演説による除名処分には、反対者六人の名を記した。感謝の念からだろう。一方で、一人の名が空白なのは何を意味するのか。考えさせられる。とはいえ「来年の選挙に捲土重来せん」と楽観しており、ゆえに独自の道を歩めたのだろう。

昭和二十一年（一九四六）五月に第一次吉田茂（一八七八―一九六七）内閣で初入閣を果たすが、認証式では斎藤のみ不可だとGHQから連絡が入る。やがて誤解は解け、一人だけの認証式が行われる。「やつと安心す」の表現に、この政治家の怒りが窺える。誰かが

GHQに中傷したのだろうが、この日記は、陰湿な日本的共同体のからくりをも浮かび上がらせている。

（朝日新聞　2010年2月21日）

小山俊樹

『五・一五事件　海軍青年将校たちの「昭和維新」』

中公新書　2020年4月

昭和七年（一九三二）に起きた五・一五事件は、昭和十一年（一九三六）の二・二六事件に比べて、関連する評論や研究書が極端に少ない。なぜだろう。たとえば、昭和史研究の先達で『現代史資料』を編んだ高橋正衛（まさえ）（一九二三—一九九九）は、直前の二月から三月にかけて起きた血盟団事件の延長と捉えたうえで、私にこう言った。

「感性主体の〝捨て石〟というテロの不気味さを抱えているから」

ファシズム体制は昭和八年（一九三三）に始まったと私は考えている。五・一五事件の被告をめぐる減刑嘆願運動や政党政治の崩壊、国際連盟脱退、さらに共産党幹部の転向趣意書といった史実をつなぎ合わせると、山口定（やすし）（一九三四—二〇一三）が『ファシズム』（岩波現代文庫　二〇〇六）で言ったところの、まさに超国家主義を生む「伝統的『国体』思想の急進化」の芽が窺えるのだ。民主主義の成熟度が低い日本では、テロの犯人の弁明が英雄視され、それに国民は追随してしまう。私見だが、動機が至純ならば、行為はすべて免罪されるとの錯覚に陥ってしまう。テロの不気味さとは、この倒錯の感情だ。

久しぶりに刊行された五・一五事件の書だが、日本近現代史の小山俊樹（一九七六—）は重要な視点を提示している。第一は、事件当日をはじめ、事件後の後継首班決定のプロセスや、軍事指導者の関わり方などをめぐる新しい視点。第二は、事件の全体図を俯瞰し、決行者と軍上層部の一体化が歴然となっても、理を通した人がいたことを伝えている点。この二つの視点を受け止めて読むのが、著者への礼儀だろう。

第一の視点について言うなら、たとえば犬養毅（一八五五—一九三二）の後継に、元老西園寺公望（一八四九九―一九四〇）は政友会の鈴木喜三郎（一八六七―一九四〇）を選ばず、二・二六事件で殺害される海軍長老の斎藤実（一八五八―一九三六）を推した。天皇の意思を読み抜いた西園寺の心理の分析には説得力がある。

また第二の視点については、海軍側の公判で犯行を「暴挙」とした山本孝治（こうじ）（一八八五―一九三四）検察官の論告に寄り添う姿勢が鮮明で、客観性がある。ファシズムの時代に毅然たる態度をとった人物と、テロリズムを陰に陽に支えた人物に対する歴史上の評価を、私たちは明確にしておかなければならない。著者が決行者たちの戦後の生き方を詳しく紹介しているのは、テロを支えた思想的背景を、今なお問う必要があるとの強い気持ちからだろう。

五・一五事件当時は、決行者こそ真の日本人だと称える偏向の書が何冊か刊行された。この事実は今も私たちに重くのしかかる。逆にクーデターが未遂に終わった二・二六事件当時は、報道が統制され、真実は国民に伝えられず、関連書の刊行もなかった。国家は、自らに都合が好ければテロを容認し、都合が悪ければ真実を隠して恐怖心のみを煽る。それがファシズムの本質だ。

海軍青年将校はなぜ、天皇親政の「昭和維新」を唱え、首相暗殺などの兇行に走ったのか。なぜ多くの国民は、実行犯の減刑を嘆願したのか。不気味なテロを俯瞰し、新たな視点を示した一冊だ。

（朝日新聞　2020年6月27日）

宮沢俊義
『天皇機関説事件　史料は語る』（上下）
金森修、塚原東吾 編
『リーディングス 戦後日本の思想水脈2　科学技術をめぐる抗争』
ハンナ・アレント
『暗い時代の人々』
右から
有斐閣　1970年5月
岩波書店　2016年7月
阿部齊訳　ちくま学芸文庫　2005年9月

学問と政治の不幸な出合いは歴史上、いくつもある。

エンリコ・フェルミ（一九〇一―五四）ら原子物理学者はウラン235の核分裂について、中性子の連鎖で巨大な破壊力を持つ爆弾ができることを、一九三九年（昭和十四）はじめに確認した。同年九月、ナチス・ドイツが第二次世界大戦を引き起こす。その一月前の八月、独裁者に利用されることを案じたアルベルト・アインシュタイン（一八七九―一九五五）が、アメリカ大統領フランクリン・ルーズヴェルト（一八八二―一九四五）にウラン爆弾の製造を訴えたのは、まさに学問の側からの政治への要請であった。

私たちは「学問の自由」や「思想の自由」を当然のことと考えているが、国家権力は甘くない。権力者は意に沿わない「学問」「思想」の研究者を監視し、所属組織などに介入して、排除する。方法は二つあり、一つは反権力的な研究者を学問の側に監視させることで、もう一つはこれをシステム化することである。今般の日本学術会議の会員候補六人の任命拒否問題には、そんな手法が「民主主義」下でも機能していることを教えられた。

政治権力が「自由」を排除する構図を正確に示した本がある。宮沢俊義（一八九九―一九七六）の『天皇機関説事件　史料は語る』である。昭和十年（一九三五）二月に始まった「天皇機関説事件」では、憲法学者の美濃部達吉（一八七三―一九四八）が公職を追われ、著書を発禁処分にされた。宮沢は美濃部の門弟の憲法学者で、同書は戦後、昭和四十五年（一九七〇）に刊行された。

宮沢は事件当時から新聞や雑誌の関連記事を切り抜き、集めていた。切り抜きを時系列に並べて解説を加え、ファシズム体制の軌跡を浮き彫りにした。天皇機関説排撃の裏側はもちろん、メディアの報道内容や識者の談話まで詳細に検証した成果である。

天皇機関説事件は、二年前の昭和八年（一九三三）に、学説を不穏当とされ、京都帝国大学から追放された滝川幸辰（ゆきとき）（一八九一―一九六二）教授の事件の構図にも重なる。まず蓑田胸喜（みのだむねき）（一八九四―一九四六）ら国粋主義の「扇動者」が騒ぎ、国会議員が質問などで「威圧者」となって、暗殺まで視野に入れる「攻撃者」が批判や弾劾を加速させ、国政を主導する「権力者」が法的処分を下すという構図である。日本学術会議会員の任命拒否問題では、このプロセスが隠されていて、いきなり権力者たる首相の菅義偉（すがよしひで）（一九四八―）が出てきたわけだが、陰には扇動者も威圧者も攻撃者もおり、学問は今、その管理を目論む政治に、狡猾に抑圧されていると言えようか。

軍事主導体制下、陸軍より原子爆弾開発計画の「ニ号研究」を託されながら、科学兵器の怖さを説いた原子物理学者の仁科芳雄（一八九〇―一九五一）は、戦後すぐに「日本再建と科学」という稿を書いている。『リーディングス　戦後日本の思想水脈2　科学技術をめぐる抗争』所収のこの稿で仁科は、使い方次第で科学は平和国家建設の鍵になると述べ、科学者は政治の道具になってはならないと、昭和二十四年（一九四九）に発足する日本学術会議の先頭に立った。また、分子生物学者の柴谷篤弘（一九二〇―二〇一一）は、同書所収の「わたしにとって科学とは何か」で、「反科学」を主張した。彼らが共有していたのは、存在感を高める科学研究を、政治に利用させまいという覚悟ではなかったたか。

政治が私たちの存在と意識を支配しようとする時、学問はいかに抵抗し得るか。もとより答えは一つではないが、権力が学問を弾圧し、存在を否定した時代が確かにあった。一九四一年（昭和十六）、ドイツからアメリカへ亡命した政治哲学者ハンナ・アレント（一九〇六―七五）が、『暗い時代の人々』（一九六八）で書いた思想家ヴァルター・ベンヤミン（一八九二―一九四〇）の自殺は、ゲシュタポに追われての死であった。

アレントは、時代が印を刻む対象は、その時代で最も強く苦しんだ人びとだとして、ベンヤミンの名を挙げている。また、やはりナチス政権下で破局の最中も毅然とした態度をとりつづけた哲学者カール・ヤスパース（一八八三―一九六九）の活動の基底には、哲学も政治も「万人にかかわる」という確信と責任があったと見ている。

日本学術会議会員への任命を拒否された六人をはじめ、私たちが「暗い時代」にいるとは思いたくない。しかし、アレントが『暗い時代の人々』で伝えた教訓に、目を閉じていてはいけない。

（朝日新聞　2020年11月28日）

入江曜子
『思想は裁けるか　弁護士・海野普吉伝』
筑摩選書　2011年5月

ファシズム体制下の弁護士には、踏み絵がある。国家と個人が対峙したとき、個人の側に立ち、その人権を守れるか。海野普吉（うんのしんきち）（一八八五―一九六八）は大正三年（一九一四）に弁護士となり、病没するまでの五十四年間、人権を守る範を示した。彼の人生を、作家の入江曜子（一九三五―）は一歩ずつ辿り、等身大に描こうと試みた。「人権のためには自腹を切る」生き方を貫いた弁護士の評伝である。

少年期の家庭環境、青年期の煩悶。生涯を決定づけた桜井忠温（ただよし）（一八七九―一九六五）の『肉弾』（一九〇六）の読み方。弁護士として担った河合栄治郎（一八九一―一九四四）事件や尾崎行雄（一八五八―一九五四）不敬事件、横浜事件（一九四二―五）での弁論。治安維持法下の自白偏重主義への徹底批判。戦後は松川事件（一九四九）、砂川事件（一九五五―七）を担った。東京裁判弁護団長の打診は断った。「ファシストたちの弁護をできるか」の言に、気骨のある海野の人生が凝縮されている。

「強制、拷問若しくは脅迫による自白又は不当に長く抑留若しくは拘禁された後の自白は、これを証拠とすることができない」と謳った憲法第三十八条などの死文化こそ正すべきだと、次代に遺言している。その遺言は今、活かされているか。あらためて考えさせられる。国家の法を個人の側から照射した貴重な法曹人である。

（朝日新聞　2011年6月26日）

武田頼政
『零戦の子　伝説の猛将・亀井凱夫とその兄弟』
文藝春秋　2014年11月

昭和初年代から十年代に各様の生き方をした兄弟の評伝である。長男の亀井貫一郎（一八九二―一九八七）

は外務官僚から無産運動に転じて政治家となった。次男の凱夫（一八九六―一九四四）は海軍軍人で、零戦のパイロットとして歴戦の勇士になった。兄弟の妹の夫である毛里英於菟（一九〇二―四七）は、大蔵官僚として戦時経済を担った。この三人の昭和史を、ジャーナリストの武田頼政（一九五八―）は丹念に追っている。

　もともとは、昭和十九年（一九四四）八月に戦死した凱夫の、日記や家人に宛てた手紙などを基に、一軍人の内面、心理を描くのが狙いだったという。ところが凱夫には、風変わりな兄や、企画院で政策立案に携わった義弟がおり、それを掘り下げたことで、筆の幅が一気に広がった。

　凱夫が残した手記にある「今次の戦時の戦訓」の二点、補給の重要性と艦隊至上主義への自省は、実戦体験者の貴重な提言となっている。また、無産政党から国家社会主義へ転向した貫一郎の文明観、企画院の三羽烏の一人と言われた毛里の、東西対立を予想しての戦後観も興味深い。三人の存在には確かに、独自の歴史観が内包されている。

（朝日新聞　２０１５年２月22日）

纐纈厚
『戦争と弾圧　三・一五事件と特高課長・纐纈弥三の軌跡』
新日本出版社　２０２０年10月

昭和の敗戦以前、特別高等警察は国民弾圧の先頭に立っていた。端緒は昭和三年（一九二八）の三・一五事件で、共産党員やその同調者を大量に逮捕した。指揮は警視庁特高課長の纐纈弥三（一八九三―一九七八）らが執った。

　同姓で同じ岐阜県出身、故郷も近く、縁もあるという近現代政治史の纐纈厚（一九五一―）は、弥三の日記類を入手し、言動と軌跡を追い、三・一五事件に焦点を当て、弾圧する側の「人間」を解剖した。ただし肝心の、昭和二、三年の特高課長時代の日記が欠けているという。

　著者は評伝ではないと断っているが、戦後は政治家となり、紀元節の復活に奔走した姿を追い、「戦前の国体思想の復活こそが、弥三の宿願」だったと捉えている。また、かつての思想弾圧と連動した危険人物とも説明している。なお、昭和二十三年（一九四八）に廃された紀元節は、同四十一年（一九六六）に「建国記念の日」として復活している。

本書は、明治四十四年（一九一一）に誕生した特高警察による思想弾圧の内幕、拷問などの暴力についても幅広く目配りしている。三・一五事件が「日本の侵略戦争のもう一つの表現」だったという史実を、弾圧者に対する視点とどう絡ませるか、この試みが本書の要諦と言えよう。

（朝日新聞　2020年12月19日）

安田一郎

『ゾルゲを助けた医者　安田徳太郎と〈悪人〉たち』

安田宏編　青土社　2020年4月

小林多喜二（一九〇三―三三）の拷問死体を検分し、リヒャルト・ゾルゲ（一八九五―一九四四）をめぐる国際スパイ事件で有罪判決を受けた町医者、安田徳太郎（一八九八―一九八三）。その軌跡を息子が記録し、孫が編んだ「安田家三代の合作」である。

戦前の反体制運動史に名を刻む一方で、戦後はベストセラーにもなった全六巻の大著『人間の歴史』（一九五一―七）などを記した安田徳太郎のことを、長男で心理学者の一郎（一九二六―二〇一七）が評伝風に描いている。安田家は京都の足袋屋だったが、徳太郎は京都帝大医学部を卒業し、付属病院に勤めた。ストライキを起こした三高学生の健康診断を引き受けた廉で同病院を去り、東京へ出て診療所の医師となった。生物学者で労農党代議士でもあった従兄の山本宣治（一八八九―一九二九）は、治安維持法改悪に反対し、右翼に殺害されていた。徳太郎の心中には、権力への怒りが根づいていた。

本書には、労働運動家で日本共産党中央委員長だった渡辺政之輔（一八九九―一九二八）の妻の丹野セツ（一九〇二―八七）や、ゾルゲ事件に関わった画家の宮城与徳（一九〇三―四三）らの隠れたエピソードが記され、岩田義道（一八九八―一九三二）や小林多喜二の拷問死に対する医師の良心が綴られている。まさに弾圧史の証言でもある。

明治から終戦直後までの歴史のなかの祖父と、その信念を記録した父に対する編者の慈しみが、行間に滲んでいる。

（朝日新聞　２０２０年５月30日）

平塚柾緒
『玉砕の島々　サイパン・グアム・ペリリュー・硫黄島』
洋泉社　２０１５年１月

太平洋戦争は三年八ケ月余続いた。この間に行われた作戦として、特攻や玉砕は日本国家の軍事的責任が問われるべきものである。玉砕は最後の一人になるまで戦うことを意味するが、昭和十八年（一九四三）五月のアッツ島を嚆矢に、日本軍は何度か採用している。

その玉砕の内実を、戦史研究家の平塚柾緒（一九三七―）は誠実に記述した。要は全滅という「負のイメージを払拭して、雄々しく散っていった勇士の姿を浮かび上がらせ、〔略〕軍首脳にとってはまことに都合のよい言葉」だったと断じている。また当時の玉砕報道には、銃後の国民も陶酔した。

著者は長年、現地を取材し、ごく僅かな生存者を訪ね歩いては、玉砕した兵士たちの最期を確かめてきた。本書はその集大成でもある。

タラワ、マキンにおける劣勢下の絶望的な戦い。サイパン、テニアン、グアムなど民間人を巻き込んだ玉砕。敗戦を知らずに戦いつづけたペリリュー島の兵士たち。そして、硫黄島や沖縄における真実。「捕虜よりは死」を強いた日本軍の歪みは、公理に反する。このことを著者の筆は浮かび上がらせている。

（朝日新聞　２０１５年３月15日）

丹羽宇一郎
『戦争の大問題　それでも戦争を選ぶのか。』
東洋経済新報社　２０１７年８月

一冊の書は時に生命体となり得る。本書がまさにそうだ。死亡率七九％のフィリピンから生還した元少年通信兵、元海上自衛隊潜水艦艦長など、戦争体験者や軍事専門家に話を聞いた、教科書では学べない真実と言えよう。

伊藤忠商事名誉理事、元中国大使、日中友好協会会長という肩書を持ち、またいくつかの大学で教鞭も執る、日本を動かす指導層の一人――著者の丹羽宇一郎（一九三九―）は、戦争の本質をあえて直截に、「現代」を生きる私たちに語り、懸念を示す。日本人は未だに戦争や歴史の意味を知らないのではないか。依然として客観的事実を主観的願望で覆い隠しているのではないか。この体質を変えなければ、「我々はひとつ間違うと、たちまち戦前の日本人に戻る可能性がある」。そうならないためにも、人に学び、本に学び、体験に学べと、著者は忠告している。

著者自身、まず戦争体験者の話を聞き、そして現代の戦争がいかなるものかを知る必要があるとの立場をとる。日本が起こした中国との戦争や太平洋戦争の実態。そして現代の中国、北朝鮮の戦略分析と、日本国内の安易な軍事論の危険性を一つずつ確かめ、警鐘を鳴らす。

光る寸言がいくつも目につく。「日本人の中国嫌いは世界でも異常だ」「彼ら（かつての日本軍のエリート）は失敗しても責任を問われない。結果、見通しの立たないような作戦でも平気で立案する」「日本軍は殺人集団であり、略奪集団」「当地（レイテ）に眠る人々にとっては戦後はまだ終わっていない」「内心日本が負けることはわかっていたのだ」「国力とは、その国の国民の質と量の掛け算である」「敗北の現代史を学ぶ」等々。

著者は、安全保障と防衛力を同一視する誤りから、企業経営の責任のあり方まで幅広く提示し、こう訴える。安全保障上、日本は「敵」をつくるべきでなく、むしろ軍事とは別の論理を持つ特別な国になれ、と。歴史を知らずに有権者になる不幸という指摘は、まさに著者の心底からの叫びだろう。つまり、歴史を知らずには、大人になどなれない。いや、社会的成人にはなり得ないのだと訴えているように、私には思えた。

（朝日新聞　２０１７年10月29日）

Ⅳ章　……日中十五年戦争、満州、ロシア

森久男『日本陸軍と内蒙工作 関東軍はなぜ独走したか』

講談社選書メチエ　2009年6月

歴史学者森久男（一九四九―）の視点は明確である。十五年戦争（一九三一―四五）の論者は、満州事変（一九三一―三二）から盧溝橋事件（一九三七）までの対中国関係史を、日本の領土拡張への欲求による侵略と見なすが、しかし一方で、軍事思想上は、帝国国防方針（一九二三）に基づく対ソ連戦略の一環としての政策でもあったのだと、歴史を複眼で捉える必要性を訴えている。逆に言えば、侵略という認識は共有するが、陸軍の主導者たちの論理構造の分析に欠けているとの指摘でもある。

確かに対中一撃論は、中国通を自称する軍人に主導され、関東軍の参謀らが体系化した。この論理に則り、華北工作や、無稽（むけい）とも言える内蒙工作が模索された。著者は内蒙の徳王（一九〇二―六六）などの動向に通じており、それに絡む関東軍参謀らの思惑についても具体的に説いている。

著者によれば、関東軍首脳部の蒙古独立をめぐる態度も変化している。たとえば「五族協和」については、単なる麗句でないのはもちろん、「蒙古独立を認めないことを含意」しているという。中国側の抗日運動を激化させることになった内蒙工作の一つである綏遠（すいえん）事件（一九三六）も、著者の見方で紹介されていて興味深い。

いくつか独自の視点で「侵略」の俯瞰図が示されているが、魅かれる読者と距離を置く読者に二分されるかもしれない。

（朝日新聞　2009年8月2日）

山田勝芳『溥儀の忠臣 工藤忠 忘れられた日本人の満洲国』

朝日新聞出版　2010年6月

満州国執政の溥儀（一九〇六―六七）に「忠（ちゅう）」という

名を与えられた工藤鉄三郎（一八八二―一九六五）は、いわゆる大陸浪人として扱われてきた。しかし近代中国史の山田勝芳（一九四四―）は「怪しげなことをしていた得体の知れない人間だと、簡単に決めつけることはできない」と述べ、「溥儀に人生を捧げた〝アジア主義者〟」と位置づけるよう主張している。

そんな工藤の人生を、本書は精緻になぞる。青森県出身で大陸へ渡った工藤の存在を軸に、日中関係史の断面を切り取り、善意や温情に溢れる主体的な人物が、歴史のなかでどのような役割を果たしたかを、一枚の肖像画の如く描き出している。

十五年戦争を背景に、工藤に見られる〝アジア主義〟はなぜ変質したのか。ともに同郷の先達であるジャーナリストの陸羯南（一八五七―一九〇七）や中国革命運動を助けた山田良政（一八六八―一九〇〇）の、思想や実践がどのように工藤に反映していたのか。生来の体力と度胸で四年、中国各地を歩き回ったうえでの、その中国観とは何だったのか。溥儀の心を摑んだ工藤は、近代日本の陰の存在なのか。あるいは、表舞台に立つべき人物だったのか。

昭和十七年（一九四二）に日中和議のための建白書づくりに奔走するが、その署名者や文面には、やはり工藤の錯誤があったかもしれない。著者の意欲をどう受け止めるか、重い課題を含んだ書である。

（朝日新聞　2010年8月1日）

芳地隆之『満洲の情報基地 ハルビン学院』

新潮社　2010年8月

二十世紀の歴史に翻弄された日露協会学校、のちのハルビン学院。この読後感を幹に、さまざまな枝葉が広がる。たとえば、日本と革命後のロシアとの複雑な関係、外地に設立された語学教育機関の役割と推移、軍事との相互扶助の変質などをすぐに指摘できる。ノンフィクション作家の芳地隆之（一九六二―）はすべてに目を配り、記述を進める。

もともとは大正九年（一九二〇）に、日露協会の幹部だった後藤新平（一八五七―一九二九）らの肝煎りでハルビンに設立された。建学精神には「学生は常に露国人に接し語学を実習し（略）彼等の人情・風俗・習慣を直接目撃し、研究する」ことなど五項が挙げられていた。それまでのようにロシア研究を大陸浪人に任せるのではなく、専門スタッフを体系的に育てるという方針であった。大正から昭和にかけては貿易面で貢献したが、やがて軍事要員を養成する教育へと変わっていく。著者は主に卒業生の証言や文集を分析することで、その歴史の真実に迫っていく。

　確かに多様な人材を輩出している。数多く紹介される卒業生の軌跡は、近代日本のソ連通が生きていく困難を、あらためて私たちに教える。

　印象に残る人物としては、学院の第一期生だった岸谷隆一郎（一九〇一―四五）がいる。満州国の地方処長などを務めた岸谷は、関東軍に不信感を持っていた。高級将校を「武器をもった役人」と見なし、満州国の運営にみだりに口を挟むことに不満を抱いていた。敗戦と同時に満州国は解体するが、人生をこれに懸けていたと明かし、岸谷は自決している。また、やはり一期生だった杉原千畝（一九〇〇―八六）の実像ついては、単なる外交官ではなく、個人にも生活にも、言わばハルビン学院魂があったと著者は語っている。

　学院の歴史は、昭和二十年（一九四五）の第二十六期生を最後に幕を閉じるが、卒業生の戦後は、中国の内戦に巻き込まれたり、シベリアに抑留されるなどした。しかし高度成長期には一転、対ソ連貿易のスタッフとして、通商国家日本の先陣を担った。

　ロシア専門家育成機関だったハルビン学院は、歴史に振り回されたのではなく、歴史を動かしたとの視点が、行間に浮かぶ。

（朝日新聞　２０１０年10月31日）

エヴァ・パワシュ＝ルトコフスカ、アンジェイ・タデウシュ・ロメル

『日本・ポーランド関係史』

柴理子訳　彩流社　２００９年５月

「ポーランドは両側にソ連とドイツという大男が眠っていて、彼らが寝返りを打つと潰されてしまう」

昭和初期、一九三〇年代後半に同盟通信のワルシャワ特派員だった森元治郎（一九〇七―九九）に聞かされた言葉が、実感できる。本書にも登場する森は、戦後は日ポ協会の設立発起人として長く会長職にあった。

日本とポーランドは距離が離れており、当初「交流は散発的で、ほぼ文化の領域」に限られていた。しかし二十世紀に入ると、対ロシア同盟といった性格を帯びる。日本はポーランドの独立を支援し、ポーランドもロシア弱体化のために日本の助力を期待した。その関係性はとくに日露戦争（一九〇四―五）で顕著となり、日本軍がロシア軍内のポーランド人兵士に離脱を促した声明文の作成に、ポーランドが協力している。日本にとってポーランドは、ロシア＝ソ連を牽制し、かつドイツの本音を探るのに便利な存在で、互いの利害が重なる点で、両国は結びつきを深めていった。

著者の一人、ルトコフスカ（一九五三―）は何度も日本に留学して近代日本史に取り組んだ研究者であり、多くの日本の文献、資料にもあたっている。ゆえに本書には、近代日本の国策の裏側が、図らずもポーランドというフィルターを通して浮かび上がる。

二十世紀を時系列に解説しているが、やはり圧巻は第二次世界大戦中の、日本とポーランドの諜報を通じての交流だろう。日本側は密かにポーランドの情報将校との接触を続けていた。とくにリトアニアのカウナス、あるいはストックホルムでの情報交換が挙げられるが、それを表面化させたのが、杉原千畝（一九〇〇―八六）の亡命ユダヤ人に対するビザ発行や、小野寺信（一八九七―一九八七）武官の大本営に宛てた対米戦不可の執拗な電報だったという。

ポーランドのソ連への接近、日本のドイツとの同盟、その狭間でもうひとつの「歴史」をつくろうとしていた両国の、名も忘れられた者たち。彼らの息づかいが、行間に感じられる。彼らの「歴史」をどう受け止めるか。著者も私たちも、まだ充分な答えを見出せていない。

（朝日新聞　2009年8月9日）

鈴木晟

『臨時軍事費特別会計　帝国日本を破滅させた魔性の制度』

講談社　2013年10月

昭和十二年（一九三七）、日中戦争開始後に近衛文麿（一八九一―一九四五）内閣のもとで「臨時軍事費特別会計法」が公布された。わずか二条のこの法律は、第一条で「支那事変ニ関スル臨時軍事費ノ会計ハ一般ノ歳入歳出ト区分シ事件ノ終局迄ヲ一会計年度トシテ」と謳っているのだが、しかし昭和史のなかでも、この「臨時軍事費」（臨軍費）の内訳や実態についてはほとんど解明されておらず、外交史家の鈴木晟はそこへ果敢に挑んでいる。

決算報告は不要、財源は国民の預金と公債、支出の大半は物件費だったなど、説明はわかりやすい。また、昭和十年代の史実を通して、日本とアメリカの戦費調達の姿も描かれているが、とくに昭和の軍部に長期的な戦略がなかったことが窺える。

著者の筆調とは逆になるが、臨軍費から見た史実、軍官僚や大蔵官僚の証言も知りたい。大蔵省の陸軍省担当の主計官僚は、常にサーベルで脅かされていたと言われる。その意味では、臨軍費研究における欠落部分も少しずつ明らかになっており、後続書の先導役を果したと言えよう。

（朝日新聞　2013年12月15日）

遠藤美幸

『「戦場体験」を受け継ぐということ　ビルマルートの拉孟全滅戦の生存者を尋ね歩いて』

高文研　2014年10月

昭和十九年（一九四四）六月、中国雲南地方の要衝、拉孟の日本軍守備隊千三百人と中国の正規軍四万人余の間で、百日に及ぶ攻防戦が始まった。守備隊は九月に全滅した。

その苛酷な戦闘で生き残った兵士たちの体験を丹念に聞き取り、まとめた本書には、不可欠の要素が三つ備わっている。すなわち（一）生存者に向き合う真摯な姿勢、（二）個の体験を客観化、俯瞰化する検証能力、（三）戦場＝非日常へのこだわりで、いずれも聞き取りの要諦である。

歴史学者の遠藤美幸（一九六三―）はまず自らの来歴を語る。客室乗務員時代にたまたま日航ＯＢの生存兵士を知った。この出会いを機に、日本軍の戦史にふれ、語り継ぐという使命感に目覚めた。

彼らの過去をどう咀嚼し、どう現在に置き、どう次代へつなぐかという思いを軸に、生存兵士たちの体験の表と裏を見つめる。裏とは、日本軍の残虐行為、将校と兵士の対立、美談の捏造（ねつぞう）などを指す。

題名など、より相応しいものがあると思うが、しかし著者の研究、著述の姿勢に敬意を表したい。

（朝日新聞　２０１５年１月11日）

加藤陽子
『**戦争まで**　歴史を決めた交渉と日本の失敗』
朝日出版社　２０１６年８月

太平洋戦争への道筋で、世界が日本に「貴国はどちらを選択するのか」と問うた時が三回あったと加藤陽子（一九六〇―）は言う。リットン報告書（一九三二）、三国軍事同盟（一九四〇）、日米交渉（一九四一）。なぜこの国は、三回も誤ったのか。選択時の状況分析が現代政治への教訓になるとの思いで、二十数人の中高生に説いたのが本書である。

著者の歴史観を土台に据え、日本の三回の失敗が具体的に検証される。折々のキーワードを基に、日本と国際社会の関係が解剖されていく。たとえばリットン報告書の章ではこう説いている。リットン（一八七六―一九四七）が語った「世界の道」は、図らずも吉野作造（一八七八―一九三三）が用いた「世界の大勢」と重なる。満州が欲しいのはわかるが、日本は「世界の道」つまり「正気に戻る」のかと、リットンは問うたのだと。しかし日本は「世界の道」には戻らず、孤立していった。

三国軍事同盟については、ドイツが求めた条文の第三を問うている。アメリカを名指ししてはいないが、仮想敵国と見なした内容だ。この同盟が二十日間で結ばれたのは、軍部や官僚の一部が「目の前に、よりほしいものがあった」ことによる。それが蘭印、仏印だったと。軍事同盟を結ぶにあたっての、基本的な姿勢の欠如に驚かされる。

日米交渉のキーワードは「首脳会談」だ。首相の近衛文麿（一八九一―一九四五）がアメリカ合衆国大統領のフランクリン・ルーズヴェルト（一八八二―一九四五）に会談を呼びかけた、昭和十六年（一九四一）八月の「近衛メッセージ」が、野村吉三郎（一八七七―一九六四）駐米大使の不注意で漏れ、日本国内にも伝わった。国家主義団体が近衛攻撃のビラを撒くなど、その妄動ぶりが国策決定にも響くことになった。

三回の選択時に、なぜ日本はバランスのとれた判断ができなかったのか。著者は日米交渉の出発点になった、三国同盟の反米的性格を薄めた「諒解案」に新しい見方も示しているが、このような視点に接する中高生たちの問題意識の鋭さは頼もしい。「普遍的な理念の具体化」が欠けていた時代だったとの結論を、読者もまた共有することになる。

（朝日新聞　２０１６年10月２日）

中村江里『戦争とトラウマ　不可視化された日本兵の戦争神経症』

吉川弘文館　２０１７年12月

戦争神経症の研究は、戦後の精神医学界でも無視されてきたテーマで、現在も充分には行われていない。専門家の中村江里（一九八二―）はこの分野に潜む問題を整理し、戦争の悲劇は時空を超えて存在すると訴えている。

戦時下では「戦争神経症の存在は注意深く国民の目から隠されていた」。精神疾患による皇軍兵士の命令拒否や逃亡などが、伝染病の如く軍内に広まるのを恐れたためだ。精神疾患の兵は差別され、排除された。

医療アーカイブズのデータを駆使し、詳細な分析も試みている。精神疾患の診察にあたった国府台(こうのだい)陸軍病院の、昭和十二年（一九三七）十二月から二十年十一月までの入院患者八千二人の発病地は中国大陸が多く、次いで日本本土、満州で、太平洋・東南アジア地域からの患者は一〇％に満たなかった。傷病兵士の還送の難しさや、その途上の戦死も多かったためだ。

太平洋戦争期の戦争神経症には、むろん軍部も関心を持っていたが、皇軍兵士にあるまじき姿を公にすることが憚られた社会で、患者はどのような処遇を受けたのか。さまざまなデータや医師への聞き取りから本書は迫っている。また、従来の研究対象は戦場と銃後が中心だったが、その間の、還送の研究の必要が指摘されたことも、注目すべき点だ。

（朝日新聞　２０１８年３月４日）

V章

……朝鮮人、台湾人、琉球人、アイヌ

平野久美子
『牡丹社事件　マブイの行方　日本と台湾、それぞれの和解』
集広舎　2019年5月

歴史上の加害と被害の関係性を追った調査報告だ。明治四年（一八七一）に起きた琉球民遭難殺害事件では、貢納船が遭難、漂着した台湾南部で、乗組員五十四人が原住民に殺害された。琉球に帰ることができたのは十二人だった。明治七年（一八七四）、西郷従道（つぐみち）（一八四三―一九〇二）率いる日本軍が征討のため出兵し台湾を制圧、清国との間で講和の議定書を作成した。この事件をめぐる一連の出来事は複雑な構図を持つ。つまり、台湾南部の原住民は加害者であると同時に、日本軍の侵略を受けた被害者でもあるのだ。そもそも日本軍の台湾出兵は事件後二年半も経ている。征韓論を鎮めるため、また不平士族の不満を逸らすために計画された節もある。

事件に対する解釈は日本と台湾で異なる。台湾の記念碑は「日本侵略を後世に残す」との趣旨で造られている。ために琉球の遭難者は、武器を持って台湾に上陸したかのように語られている。一方、現在では四代目、五代目の児孫となる琉球の犠牲者の遺族は不満を抱いてきたのだが、日本でこの事件はほとんど知られていない。清や日本を刺激せぬよう、事件の全貌にふれまいとした琉球王府側の思惑もあった。

ノンフィクション作家の平野久美子（一九五〇―）は、事件後百数十年を経た沖縄と台湾の謝罪、和解の動きを克明に追う。原住民のパイワン族の口伝を紹介する章は、特筆すべき点だ。

この忘れられた事件は、日本と台湾の近代における関係史の起点となった。「牡丹社（ぼたんしゃ）事件」と呼ばれ、当事者は琉球民、クスクス社および牡丹社（社は集落）の原住民、客家（ハッカ）人、琉球王府、明治政府、清帝国と七つあり、国籍も文化も歴史も異なる。複雑に入り組んだ加害と被害の関係を解きほぐすには、まさに歴史における草の根の枠組みが必要となる。時にそのつなぎ役も果たす著者は、加害と被害の関係を水に流すのではなく、互いに史実を共有し、「マブイ」（霊魂）を慰めることが大切だと説いている。

（朝日新聞　2019年7月20日）

金文子
『朝鮮王妃殺害と日本人　誰が仕組んで、誰が実行したのか』
高文研　2009年2月

史実は時を経て風化もし、変質もする。意図的に不透明化されるものもある。一方で、時間が新しい世代の解釈を生み、真実を導き出すこともある。本書はまさにその例だ。

本書の年表によれば、明治二十八年（一八九五）に「日本の軍隊（京城守備隊）、日本人壮士ら、王宮に侵入、王妃を殺害する」という事件が起きた。日本では閔妃（びんひ）暗殺と言われるが、歴史家の金文子（キムムンジャ）（一九五一―）は明成皇后暗殺事件と記す。

閔妃すなわち明成皇后（一八五一―九五）の暗殺は、いかなる動機のもと、誰が計画し、誰が実行したのか。著者は近代史のあらゆる関連文献、資料を検証し、事件の構図の立体化を試みている。

日本政府や軍部が直接間接に関与した事実を、駐朝鮮公使の三浦梧楼（ごろう）（一八四七―一九二六）や参謀次長の川上操六（そうろく）（一八四八―九九）、また伊藤博文（一八四一―一九〇九）、星亨（とおる）（一八五〇―一九〇一）といった政治家をはじめ、将校、兵士、壮士の一団などの追跡調査で明かしていく。読み進むうちに辛くなるのは、近代日本の暗部が、丹念に裏づけられていくからだ。著者の時に感情的な表現も、確かに頷ける。

序章の王妃の写真をめぐる考察は、史実の継承がいかにあやふやだったかを示唆しているが、本書のテーマを際立たせる興味深い分析だ。

（朝日新聞　2009年4月26日）

西崎雅夫
『関東大震災　朝鮮人虐殺の記録　東京地区別1100の証言』
現代書館　2016年9月

著者の西崎雅夫（一九五九―）は大学在学中に「関東大震災時に虐殺された朝鮮人の遺骨を発掘し慰霊する会」の発足に参加、現在は末尾が「追悼する会」に改称されているが、以来一貫して実態の解明に努めてきた。

大正十二（一九二三）年九月一日の地震発生以降、現実はいかなるものだったのか。著者は東京都内の公立図書館を回り、自伝、日記など各種資料より関連証言を集め、現二十三区の全体像を描いたわけだが、意外なほど多くの人が「虐殺」を書き残していた。その異常を、誰もが自覚していたのだ。

作家の細田民樹（一八九二—一九七二）は、下谷浅草で十七、八の少年が殴打される姿を書き、どう見ても「不逞の徒」には思えなかったと述懐する。当時十九歳だった演出家の千田是也（一九〇四—九四）は、自宅近くの警備に駆り出された時、朝鮮人と間違われて殴り殺されそうになる。「日本人も含めた罪のない人々がいったい何人殺されたのだろう」と書く。画家の竹久夢二（一八八四—一九三四）の目撃談は検閲を受け、「×」の伏字が二行以上も続く。皇族の梨本宮伊都子（一八八二—一九七六）は邸の護衛に兵士、憲兵が駆けつけたと明かしている。

著名人だけではない。庶民による記録も次々と紹介される。大森在住の主婦の石屋愛は、刀を持って殺気立つ青年五、六人が「味方だな」と家族の前で呟き、去っていったことを記す。「敵」と見たら殺されただろうと、「こわい、ほんとうにこわかった」とその戦慄を正直に書いている。

千人超の記録を、著者は丹念に紹介していくのだが、震災後の被災地はまさに地獄絵図だ。閉鎖的な空間に根拠のない噂が撒かれ、庶民は正常な感覚を失った。徒党を組み、ひたすら残虐行為を繰り返した。

末尾で、地震発生翌年の刊行の『子供の震災記』における改ざんされた描写と、原文の対比を紹介している。国家権力による隠蔽は犯罪だ。

（朝日新聞　２０１６年11月20日）

孫栄健

『特高と國體の下で　離散、特高警察、そして内戦』

言視舎　２０１７年４月

大正七年（一九一八）二月に朝鮮の慶尚南道に生ま

れた朴庸徳の歩みを、在日三世の作家、孫栄健（一九四七—）が追跡調査した一冊だ。朴は七歳で家族とともに来日、飯場を転々とし、小学校も十二回転校する。日本社会の最下層の仕事に携わりながら、同胞との交流で民族意識に目覚める。大阪の堺に住みつき、やがて東京へ出て、向学心と仕事への意欲を満たそうとする。知への渇きを抑えられず、また母国が蹂躙される様に我慢ならない。勉強会や労働学校で知を育み、日本に隷属する母国を独立させることが人生の目標となる。昭和十一年（一九三六）秋に、堺で逮捕された仲間との葉書のやりとりから、不穏な計画を立てていると疑われ、東京で逮捕される。

　著者は朴の体験をすべて聞き取り、一方で特高関係の記録も丁寧に集め、実態の解明に迫っている。特高文書の記述の詳細さに驚かされるが、著者の感性は、植民地下、拷問を受けた在日朝鮮人の、心象の軌跡を鋭く再現している。

　圧巻は、特高警察による過酷な拷問の内実だ。こと細かく記されており、読むだに辛いが、しかしこれは決して過去の問題ではなく、共謀罪の適用で将来の日本社会にも起こり得ることなのだ。

　戦後、朴は県警本部で、自身に拷問の限りを尽くした幹部の特高刑事に会う。土下座の謝罪を受けたが、しかし公職追放されたのは、末端の特高刑事たちだった。実際に私自身も「我々は内務省で特高組織を動かしていたエリート官僚にいいように利用された」との証言を得ている。こういった理不尽も、死を招いた特高警察の暴力も、社会的病理だ。拷問とセットになった「國體（こくたい）」の姿は、「非民主的装置」のもとでの生活と理解すべきだろう。

　朴は戦後、大韓民国を支持する在日韓国人の団体「民団」の幹部となった。その朴の、在日二世、三世の精神を保つ「根の器」のようなものが必要との指摘は重い。また、自らの人生が良かったのか、悪かったのかはわからないとの言葉も、考えさせられる。

　朝鮮の人びとがなぜ日本に来ざるを得なかったのか、植民地支配の内実と構造を具体的に理解できる、在日韓国人一世が歩んだ壮絶な現代史だ。

（朝日新聞　２０１７年７月16日）

寒河江正、羅逸星『あの時、ぼくらは13歳だった　誰も知らない日韓友好史』

東京書籍　2011年9月

日本帝国主義下の朝鮮で、昭和二十年（一九四五）の四ケ月半、中学生として机を並べた日本人と韓国人がいる。この二人が放送人と天文学者として四十一年ぶりに再会し、忌憚ない言葉を交わしたのが本書だ。

当時十三歳の少年たちの目には、植民地経営の実態、第二次世界大戦とその終結、朝鮮の解放はどう映ったのか。さらに、五年後の朝鮮戦争をどう見たのか。まさに「教科書に載らない話」が語られている。

友情のきっかけはある一言から。朝鮮の中学校では朝鮮語使用禁止の校則があったのだが、羅逸星（ナイルソン）（一九三二―）はつい口にしてしまう。それをなじった日本人の同級生に、寒河江正（さかえただし）（一九三三―）が怒鳴った。「朝鮮人が朝鮮語を話して何が悪いんだ！」と。

このような記憶をはじめ、創氏改名の内幕や日本人教師の暴力といった史実にふれていくと、真に交流するための立脚点が見えてくる。

歴史を生きる、あるいは見つめるという行為は、その教訓を次代に託すことでもある。範とし得る書だ。

（朝日新聞　2011年10月23日）

安田敏朗『かれらの日本語　台湾「残留」日本語論』

人文書院　2011年12月

「台湾を植民地として国語教育を開始して以来、そこで話されている日本語はあくまでも「かれらの日本語」でしかなかったのではないか。たとえスローガンとして日本への「同化」、「皇国臣民」化（皇民化）を唱えたとしても、「わたしたち」は「かれら」を深いところで峻別していたのではないか」

文中の一節だが、本書に生命力、説得力があるのは、斬新な国語観が丁寧に説明されているからだ。

植民地支配下の国語政策は、台湾では成功した、あるいは、日本人がすでに忘れてしまった道義や倫理が生きているなどと評し、郷愁を交えながら過剰に台湾「残留」日本語を称揚するような言説もある。近代言語史の安田敏朗（一九六八―）は、植民地支配下の日本人教育者や国語学者、また戦後の研究者の、台湾の日本語をめぐる多くの論文に目を通し、論じているわけだが、当時の現地語などに対する偏見の蔓延には驚かされる。

たとえば、台中市の公学校（台湾の公立学校）などで校長まで務めた日本人教育者の昭和十四年（一九三九）の論文には、台湾語は言語文化に欠けるから日本語が相応しいなどとあり、そのような暴論が当然の如く通用していた。著者は言う。「生命語としての日本語の話しことばの絶対的優位を主張したいがための議論のみがここにある」と。その傲岸さは、言語文化の多様性を否定する、植民地の支配者側に特有の発想だと冷静に理解できる。

植民地支配下で日本語の公用化を強制すれば、現地の人は生存、生活のために当然、日本語を覚える。覚えながら、母語が持つアクセントや意味などを加味し、独自の言葉に変質させていく。今なお残る「かれらの日本語」とはそのような言葉を指し、つまり「わたしたちの日本語」とは異なるものだ。

試行錯誤を自覚しつつ、「ことばはだれのものか」を問う著者の熱意に打たれる。

（朝日新聞　2012年2月12日）

内海愛子、大沼保昭、田中宏、加藤陽子

『戦後責任　アジアのまなざしに応えて』

岩波書店　2014年6月

「戦後責任」という語は、大沼保昭（一九四六―二〇一八）が一九八〇年代から継続的に用いて定着したのだが、当の大沼によれば、五〇年代前半にキリスト者が用い、つづいて武井昭夫（一九二七―二〇一〇）と吉本隆明（一九二四―二〇一二）が文学者のそれを論じるなかで用いたという。宗教、文学の境界を越えて、市民運動の局面で定着したのは、実践者たちの尽力による。

また「戦後責任」という語は一方で、帝国主義、軍国主義による軍事主導体制下の罪禍を、戦後社会で清算する際の、世代的責任を示す意味にも解釈できる。田中宏（一九三七―）、内海愛子（一九四一―）、大沼より下の世代の加藤陽子（一九六〇―）が、三人の話を巧みに聞き出すことで、本書は図らずも罪禍清算の戦後葛藤史となっている。

論じられるのは、東京裁判（一九四六―八）の欠落部分から国籍法、アジアに対する責任、サハリン残留問題、シベリア抑留、強制労働と、実に幅広い。大学の教壇に立ちながら、こうした問題に積極的に関わることで、三人は戦後日本社会の矛盾点も実感するわけだが、一言一句にそれが示されている。

内海が指摘した、サンフランシスコ平和条約第十一条（戦犯条項）の運用にあたっての朝鮮人、台湾人戦犯をめぐる泥縄式の法改正。

田中はそれを受け、戦時に日本国籍だった朝鮮人、台湾人への一般的な補償を無視する司法の判断に対し、「裁判所はそちらの国籍差別はかまわないと言う。いったいどうなっているのか」と無責任な姿勢を衝く。

このような事実について、大沼も法の論理を下敷きに「基本的人権の尊重を理念とする戦後の日本という国家が決してやってはならなかったこと」と、その背徳性を問題にする。

本書を繙きながら、あらためて出入国管理法の改正や慰安婦問題などの内実を具体的に知ると、「俗人の思想」（大沼）に徹して問題と向き合うことの大切さに気づかされる。

政治家、法曹人、企業家、言論人などの真摯さにこそ解決の鍵があり、「戦後責任」は私たちが絶えず確認すべき問題である。

（朝日新聞　2014年8月10日）

遠藤正敬
『戸籍と無戸籍　「日本人」の輪郭』
人文書院　2017年5月

政治学者の遠藤正敬（一九七二―）によれば、「無戸籍」は四通りに分類できるそうだ。記載されるべき戸籍に記載されていない、もともと戸籍がない、戸籍から抹消された、記載されていた戸籍が消失した。なかでも一般的なのが、親が出生届を出さなかったケースだというが、しかし、徴兵拒否のために戸籍を抹消した者や、かつての植民地の人びとの戸籍の扱い、戦時残留者が日本人としての戸籍を求める動きなど、無戸籍者には歴史そのものが内在している。近代日本における無戸籍者の存在は、社会問題であり政治問題であり国際問題でもあった。

本書は、日本社会における戸籍の歴史、無戸籍と無国籍の違いなどを丹念に説きながら、戸籍が意味するところを問うていく。全十二章で試みられる論述は具体的かつ歴史的、社会的で、幅広い視点を持つ。サントリー学芸賞の社会・風俗部門の受賞作でもある。

たとえば第八章では、無戸籍者の戸籍をつくる方法を論じながら「日本人の資格」を問い、分析を試みる。昭和二十年（一九四五）の敗戦を機に、大日本帝国の臣民とされていた人びとのうち朝鮮人、台湾人は、あらためて外国人登録の適用を受けなければならなくなる。昭和二十七年（一九五二）のサンフランシスコ平和条約発効までの彼らの不安定な地位、その後の手続きなどを検証すると、戸籍問題にはつまり、国家や国際社会の思惑が幾重にも絡んでいることがわかってくる。

また、無戸籍の者が戸籍をつくるには、家庭裁判所の審判を得て戸籍を創設する「就籍」が必要だが、中国人として育てられた残留孤児のケースでも、日本国籍喪失を理由に、就籍はかなり面倒だという。本書が明かしている、戸籍に「棄児」と記録されるケースの残酷さも含め、個人の存在は国家のエゴに振り回されると言っていい。

著者は、戸籍がなくても生きられるかを問うている。現在、住民の地位と権利の保障は「当然」のことで、「籍」に囚われない生き方のできる社会こそ望ましいと結論づけている。家族という概念も多様化しており、戸籍から解放される社会が世界の潮流なのかもしれない。

（朝日新聞　２０１７年８月13日）

北大開示文書研究会 編著

『アイヌの遺骨はコタンの土へ 北大に対する遺骨返還請求と先住権』

緑風出版 2016年4月

帝国主義時代の研究が、人権意識の定着した現代社会から厳しく糾弾されている。これに対応し得ない大学の後進性を暴くのが、本書のモチーフだ。

帝国大学医科大学（現東大医学部）教授の小金井良精（一八五八―一九四四）が、明治前半の一八八〇年代に二度、北海道を訪れ、各地のアイヌの墓から百六十前後の頭骨と、多くの副葬品を持ち帰った。また大正十三年（一九二四）には、京都帝大教授の清野謙次（一八八五―一九五五）が樺太アイヌの頭骨を収奪した。さらに、北海道帝大教授の児玉作左衛門（一八九五―一九七〇）らが、道内各地、樺太、北千島から大量のアイヌの遺骨を発掘し、研究に用いた。発掘は戦後も続いた。

北大側の調査によれば、八雲町の二百四十一体、新ひだか町の百九十六体を筆頭に、五十二市町で千十四体の遺骨が発掘されたという。北海道開拓時、発掘は違法ではなかったが、違法となってからも教授らは詭弁を弄し、責任を免れた。

昭和末期の一九八〇年代に入って、北海道ウタリ協会（当時）による遺骨等の返還要請運動が始まった。一部は戻されたが、文科省の調査では未だに、全国の十二の大学が所蔵するアイヌの遺骨千六百三十六体が返還されていない。本書の執筆陣である「北大開示文書研究会」は平成二十年（二〇〇八）設立の市民グループで、かつての北大教授らによるアイヌの人骨収集などを追及し、この返還と資料や文書の公開を求めているわけだが、「帝国大学」の壁は厚く、また政治の先住民族に対する理解も充分とは言えない。その辺りの事情が詳細に綴られている。

幕藩体制下、アイヌは「化外の民」とされ、独自に集落を形成し、漁猟や冠婚葬祭を行っていた。明治以後の同化政策下でも、コタンは独自に民事、刑事の訴訟を行っていた。遺骨や墓地の管理権はコタンが有し、埋葬はコタンで行われていたため、個人を特定できないケースもある。

先住民族の伝統を考慮しない法体系や、遺骨を動物実験室に置く非人間性などが明らかにされる。「アイヌの遺骨はアイヌに返せ」という当然の訴えの前に立ち塞がる、当局側の論理破綻ぶりに驚かされる。歴史を清算する際の最大の問題点がどこにあるかを教えてくれる書だ。

（朝日新聞　２０１６年６月26日）

Ⅵ章

……銃後、徴兵、疎開

藤井忠俊
『在郷軍人会　良兵良民から赤紙・玉砕へ』
岩波書店　2009年11月

在郷軍人会は明治四十三年（一九一〇）に設立され、昭和二十年（一九四五）八月に解体した。近代史研究家の藤井忠俊（一九三一—二〇一八）はその三十五年間を正面から見据え、歴史の正直な姿を私たちに提示した。軍事ファシズムの後方部隊という私の理解も誤りではないと確信できた。と同時に、試行錯誤を続けながら組織が肥大化したこと、最終的には在郷軍人が玉砕要員になったこと、これらのプロセスに国家的矛盾が集約されていることなどを教えられた。

もともとは日露戦争（一九〇四—五）後、ドイツの同様の組織を参考に、在郷軍人を良兵良民へ導くとの発想で誕生した。その主意は〝国民の元気〟にあったと著者は言い、良兵は軍で、良民は町村で養成する仕組みだったが、大正デモクラシーで変容した。米騒動、労働争議、小作争議での意識高揚を恐れる軍事指導層が、国家主義で対抗したとの著者の分析は新鮮だ。

昭和になると、国家は総力戦体制を掲げ、良民をつくり良兵にするための学校教育、青年教育に、軍事が入り込む。太平洋戦争末期には、在郷軍人の召集兵が三百五十万人に達するという、異様な国家になっていた。

彼らは何の目的で集められたのかと問う著者の姿勢に、心底から共感を覚える。

（朝日新聞　2010年1月31日）

吉田敏浩
『赤紙と徴兵　105歳、最後の兵事係の証言から』
彩流社　2011年8月

「皇軍の兵士」はいかにつくられたか。軍事主導体制下の非情なシステムを、一兵事係が残した記録から分析した書である。

末端の町村で徴兵の任務を担うことを余儀なくされ

た職員の苦悩は、戦中のみならず、戦後もなお続いた。その思いに寄り添いながら、ジャーナリストの吉田敏浩（一九五七―）は記述を進める。ゆえに無味乾燥とも言える兵事係の文書には、兵士たちの肉声が幾重にも宿っていることがわかる。

昭和の軍事主導体制は狡猾かつ巧妙にでき上がっていた。兵事係は召集の赤紙を届けるだけではなく、兵士としての資質、技能についても調べ上げていた。また召集した兵の、戦死を報告する役も担わされていた。

赤紙が届いた家には「おめでとう」と声をかけるのが、共同体における挨拶の一つだった時代、「人間」が歪むのも当然だ。兵役を免れる兵事係が、業務に熱心になるからくりも、証言で浮かび上がる。

捕虜を恥じての自決、召集猶予者のリスト、志願兵割り当ての仕組みなどへの怒りが、著者の昭和軍閥研究の原点になっている。

（朝日新聞　2011年10月2日）

田中綾『非国民文学論』

青弓社　2020年2月

「非国民文学」とは、吉川英治（一八九二―一九六二）や司馬遼太郎（一九二三―九六）の「国民文学」に対峙する概念か。あるいは、非国民とされた文筆家の作品を指すのか。詩歌研究者の田中綾（一九七〇―）は後者と捉えているが、あえて「反戦の文学」といった評価軸とは一線を画している。

帝国臣民としての兵役を拒まれたハンセン病患者明石海人（一九〇一―三九）の歌集、一人息子を徴兵忌避者とした金子光晴（一八九五―一九七五）の『詩集「三人」』、丸谷才一（一九二五―二〇一二）の小説『笹まくら』（一九六六）を基に、著者は検証を進める。

たとえば明石は、身は療養施設に拘束されても、精神は想像力のなかにあると言う。しかし著者は、中国へ出征する看護師や職員をうたった明石の戦争詠には、自身を顧みて「おそれかしこまる」心理があったと分析し、想像力と現実の狭間の葛藤を読み解く。また、明石以外のハンセン病患者の歌も確認し、自身のために誰かが犠牲になったという心理に着目する。そのうえで、非国民として書き、生きることで、どのような存在になりきり、いのちを回復したかという主題を導き出す。これが「非国民文学」の軸なのだろう。

その視点は丸谷の『笹まくら』の主人公、浜田庄吉にも据えられる。浜田は昭和十五年（一九四〇）から二十年まで杉浦健次を名のり、香具師（やし）として全国を歩く。この非常時に、戦争忌避の意志を抱いて流浪する。自らの家族を犠牲にする一方で、旅先で知り合った宇和島の女性に匿（かくま）われ、その肉親と疑似家族の関係を築き、戦時下を生き延びる。著者は作品の解読に集中し、丸谷の創作意図などは深く掘り下げない。主人公の生き方と戦後社会の忌避者への反応を通して、戦中と戦後は地続きだと論じる視点がユニークである。

徴兵検査で丙種合格になった者、ハンセン病のために徴兵されなかった者、さまざまな手段で徴兵を拒否した者。本書は「非国民文学」の連続性という新たな視点を提示した。分析を試みた一連の作品の主人公にこそ「最も〈国民〉的な心性」があるとし、従来はその視点が欠けていたとの問題提起に、今後の議論が待たれる。

（朝日新聞　２０２０年4月25日）

一條三子『学童集団疎開　受入れ地域から考える』

岩波現代全書　２０１７年10月

「学童疎開促進要綱」が閣議決定されたのは昭和十九年（一九四四）六月、縁故を原則に、大都市の国民学校初等科三年生以上の児童を集団疎開させる内容だ。同時に、縁故がない東京の児童のために「帝都学童集団疎開実施要領」も定められた。もとは消極的だった軍部も、翌月のサイパン陥落で本土空襲が想定されるようになると、そうは言っていられなくなった。

埼玉県の公立高校で教鞭を執った著者の一條三子（みつこ）（一九五五―）は、学童疎開を受け入れた町村の実態を調べ上げ、この国策が決定された過程と内容を、体系立てて分析している。受け入れ先だった自治体についての既存の研究は少なかったが、著者は向き合った。

県別に割り当てられた四十万人もの学童、決定から最初の受け入れまでわずか一ケ月余だったこと、宿舎や食糧の工面についてなど、地域全体が戦時体制に巻き込まれていった状況が明らかにされる。

また、地方の児童は健康だったが、都会の児童と違い、受験勉強には距離を置いたことなど、双方の困惑、不安も正直に描写されている。

学童疎開の歴史的背景としての、昭和十五年（一九四〇）の「国土計画設定要綱」や、都市住民を不健全、農民を健全と分けた国家の思想をめぐる指摘、また著者自身が作成した全国規模の疎開関連リストなど、本書はこの方面の研究の先導役も果たしている。

（朝日新聞　２０１７年12月３日）

きむらけん

『鉛筆部隊と特攻隊　もうひとつの戦史』

彩流社　２０１２年７月

昭和十九年（一九四四）八月から敗戦まで、長野浅間温泉の各旅館へ、東京世田谷の国民学校児童二千五百七十人が集団疎開を行った。一部は周辺町村の寺などへ再疎開するが、たまたま当地で出撃前の一時を過ごしていた武剋隊および武揚隊の特攻隊員と疎開児童の間に、感情の交流が生まれた。両者の交流を現代の眼で再現し、活字にしておこうというのが本書の狙いだ。

鉛筆部隊とは当時の一教師が自らの教え子を評した語で、要は両親宛てに戦意昂揚の手紙を書いた皇国少年少女を指す。こうした枠組みが冒頭で説明されるのだが、児童文学作家のきむらけん（一九四五―）は鉛筆部隊の学童たちの記憶を求めて、インターネットや手紙を駆使し、次から次と人の輪をつくっていく。

意外な事実もいくつか明らかにされる。二十歳を越えたばかりの特攻隊員たちの、女子児童との素朴なふれあい、女性教師や寮母への思慕。「戦争」で命を差し出すことの理不尽に、十二歳前後の少女たちも気づいたのだろう。一生、その思いにこだわる老婦人のエピソードなども具体的に語られる。著者は個々の特攻隊員たちの背景も辿り、これ自体が戦後史だ。著者の筆調は自らの人生にも重ねられ、折々に抱いた心情の描写が、執拗に繰り返される。

特攻隊員はよく「生きて帰って来たならば」と言ったそうだ。涙ながらに語った当時の少女の証言には、強く打たれる。

「私の後半生は、戦争のことを人から聞き出すことに終始した」と著者は言う。歴史的責任を担おうとの思いから、重いメッセージが伝わってくる。思想よりも「現実的な眼差し」を信じたいとの記述にも納得できる。

存命者の責任感と信念を土台に、本書は記録を父、記憶を母とし、教訓という子を生んだ。

（朝日新聞　2012年9月23日）

河内美穂『上野英信・萬人一人坑　筑豊のかたほとりから』

現代書館　2014年8月

ルポルタージュ作家、あるいは記録文学作家として、上野英信（えいしん）（一九二三―八七）はいくつかの秀れた作品を残している。爆弾三勇士に関わる論説、ドキュメントは、昭和史のなかに貴重な視点を示した。

著者の河内美穂は言う。「歴史上の大きな事件である戦争も、庶民を通して記録されるべきだという主張が英信にはある」と。この主張こそ歴史を透視する力になり得る。

上野は関東大震災が起こる大正十二年に生まれた。「まったく、忌（いま）わしい年に生まれたものである」と自身の作品のなかに書いている。社会運動が弾圧され、治安維持法成立のきっかけとなる年だったことも語っている。

満州建国大学への進学、被爆体験、戦後の京都大学への編入学、そして学業を離れ、筑豊の一坑夫として労働現場に入る。その生き様には何が凝縮しているのか。著者はこの一点を求めて多くの人に会う。

身体を通して知識の実践を試み、庶民を記録した文筆家の思いを追う一冊だ。言論というものの原点を確認するためにも、上野の作品は読み継がれるべきだろう。

（朝日新聞　２０１４年10月19日）

Ⅶ章……海外の眼

眞嶋亜有『「肌色」の憂鬱　近代日本の人種体験』

中公叢書　2014年7月

近代日本における「エリート層」という語がしばしば登場する。たとえば、「日本人の背丈や体格、容貌や肌の色を醜悪視する傾向」は、日露戦争（一九〇四―五）後、「エリート層のあいだで長きにわたり、懸念され続けていく」といった具合だ。「日本人の人種的劣等感に直面した代表的存在」たる夏目漱石（一八六七―一九一六）から遠藤周作（一九二三―九六）まで、知識人や思想家、官僚が留学中どのような人種差別に遭い、何を学んだかを、比較文化論の眞嶋亜有（まじまあゆ）（一九七六―）が具体的に分析していく。日本人は外面を通して、いかなる形の「近代」を創造しようとしたのか、著者の関心はこの一点に絞られる。

日清戦争（一八九四―五）後のアメリカ社会で、内村鑑三（一八六一―一九三〇）らがどのような態度で接せられたかが、とくに中国人との対比で論じられている。内村のアメリカ体験については、「文明」と「人種」の拮抗を具現化した先駆との見方が説得力を持つ。中国人への蔑視が日本人に転化されるのだが、多くはそれを否定することで厚遇を得ようとする。西洋社会における中国の存在の大きさを見抜き、「客観性と精神的ゆとり」のバランスをとった、外交官の石射猪太郎（いしいいたろう）（一八八七―一九五四）のような者が少なかったとの指摘は重要だ。

一方で、エルヴィン・ベルツ（一八四九―一九一三）など小柄な欧米人が、逆に日本に根づく例も語られ、人類史は外見により編まれたとの指摘も興味深い。

近代日本が「脱亜」を目指したのは、西洋社会のアジア蔑視を意識してのことだが、しかし「完全なる他者」の西洋を権威化して近代を目指したことには、自己否定の空虚さがあると著者は論じている。「日本が日本であり続けるために日本を否定しなければならない」との見解は新鮮で、魅力的だ。本書は知的刺激に富む。

（朝日新聞　2014年9月28日）

奈良岡聰智
『「八月の砲声」を聞いた日本人　第一次世界大戦と植村尚清「ドイツ幽閉記」』
千倉書房　2013年4月

一九一四年（大正三）七月の第一次世界大戦勃発時、ドイツには約六百の日本人が滞在していたと推測され、多くが留学生だったという。当初、日本は味方と目されていたが、イギリスとの同盟により参戦、ドイツに最後通牒を突きつけると、空気は一変した。

　近代日本の政治外交史を研究する著者の奈良岡聰智（そうち）（一九七五―）は本書の1で、各種資料を基に「敵国日本人」の置かれた状況を説く。この解説を把握したうえで、2の、プラハのドイツ大学で細菌学研究を続けていた医師の植村尚清（ひさきよ）（一八八一―一九六三）の八十日間に及ぶ幽閉記録を読むと、第一次世界大戦の知られざる一面も見えてくる。植村はドイツ人の多くから、日本にはたくさんの知識、学問を授けたのになぜ参戦したのか、この恩知らずめと、罵声を浴びせられた。一方の植村の筆調にも、ドイツ人は心が狭い、惨忍な行動に走ると、怒りが滲みだす。

　会社員、旅芸人、ドイツ人の妻など、さまざまな日本人の辛苦の姿に、実はドイツの国家総力戦の実態があったという指摘は鋭く、貴重だ。

（朝日新聞　2013年6月2日）

ルイ・クペールス
『オランダの文豪が見た大正の日本』
國森由美子訳　作品社　2019年10月

　著者のルイ・クペールス（一八六三―一九二三）はオランダの作家で、小説のほか詩や紀行文も発表している。本書は、著者が夫人とともに大正十一年（一九二二）春に来日し、長崎、神戸、京都、箱根、東京、日光と、五ケ月間滞在した際の印象記で、持ち帰った写真も掲載されており、当時の景色が立体的に伝わる。

　二十世紀初めの、ヨーロッパの知識人の日本を見る眼だろうが、著者の関心は神社仏閣、伝統芸術、武家政権の時代習俗、自然の風景、人びととの正直な姿などに及び、実に幅広い。旅の途中で病に倒れ、七週間ほど入院した時の、医師やナースとの会話なども紹介している。

しかし、その日本を見る眼は、決して温かくはない。内面や本音を探る、作家の眼差しゆえのことだろう。優美かと思えば不潔、繊細かと思えば粗野、日本語にせよ英語にせよ話し方は「下品」といった具合だ。

兜や太刀で武装した者たちの、野心と陰謀が渦巻く世界で、漆塗りの敷居と紙の障子の家がどうやって生き延びたのかは謎との指摘は興味深い。ヨーロッパの戦乱の時代の感覚とは異なる、文と武を混在させた日本人の心理の解析を試みたが、自分には理解不能の二重性があったとの告白と思える。

夫妻にはカワモトという有能な通訳が着き、ガイド役も担っている。カワモトの履歴は語られないが、英語に堪能というだけではなく、日本の文化にも通じており、驚かされる。著者も信頼を寄せている。旅先で病気になったのはご不幸というわけではない、と諭したカワモトの言葉が、印象に残ったようだ。

著者は日本の将来像を問うている。アメリカとの戦争の可能性や中国との関係を語りつつ、「やがて、思い上がりがすぎ、結局は没落してしまうだろう」と述べる。昭和の姿を、見事に言い当てている。

（朝日新聞　2020年1月18日）

井口治夫
『誤解された大統領　フーヴァーと総合安全保障構想』
名古屋大学出版会　2018年3月

第三十一代アメリカ大統領のハーバート・C・フーヴァー（一八七四―一九六四）は、一九二九年（昭和四）から三三年までのわずか一期の任期中に世界恐慌が起き、適切な政策を行わなかったと、無能呼ばわりされてきた。が、はたしてそうか。本書はアメリカ政治の群像を鮮やかに捉えながら、人道支援、環境保護などフーヴァーの先駆的政策を再評価している。

シカゴ大学で歴史を学んだ著者の井口治夫（一九六四―）は、第一次から第二次の世界大戦開始時の間、フーヴァーの「総合安全保障的世界観」で進められた「人間の安全保障」などの分析を試みている。評伝とあわせ、フーヴァーの周辺を描くことで、二十世紀アメリカの政治史が浮き彫りになる。資源獲得に焦る日本の秩序破壊に、アメリカがいかに対応したかも、両国の外交関係を踏まえながら、副次的に語られる。従来の研究を押さえた分析なので、説得力がある。

両親を早くに亡くしたフーヴァーは、伯父の援助で大学を卒業し、実業に携わる。クエーカー教徒ゆえか人道支援に取り組み、この活動が認められ、政界に入る。第一次世界大戦中より戦後にかけて、ベルギーへの人道支援を行い、また共産主義には批判的だったが、ソ連などへの食糧支援も続け、ヨーロッパでは約二千万人を餓死や疫病から救ったという。共和党候補として大統領選挙を戦い当選、折からの不況が大恐慌に発展する。連邦政府の支出を平時にないほどの規模へ拡大させ、財政赤字に陥り、三二年の大統領選挙では、民主党のフランクリン・ルーズヴェルト（一八八二―一九四五）に徹底批判され、大敗する。

フーヴァーは大恐慌について、第一次世界大戦終結後の賠償と債務に起因すると考え、関係国の一年間の支払い凍結令などを発した。これが裏目に出たわけだが、政権後半に復興金融公社の設立など積極財政を進めたフーヴァーを、ニューディール政策の先鞭と著者は評価している。

（朝日新聞　2018年5月12日）

リチャード・リーヴス
『アメリカの汚名　第二次世界大戦下の日系人強制収容所』
園部哲訳　白水社　2017年11月

一九四一年（昭和十六）十二月、日本軍の真珠湾奇襲攻撃で太平洋戦争は始まった。この時からアメリカ国内、とくに西海岸に住む日系アメリカ人は、どのような状況に置かれたのか。本書はアメリカ人ジャーナリスト、リチャード・リーヴス（一九三六―）がまとめた詳細なリポートである。

一九四二年（昭和十七）二月のフランクリン・ルーズヴェルト（一八八二―一九四五）大統領の命令に先立

ち、コラムニストのウォルター・リップマン（一八八九―一九七四）による「外と内からの攻撃」という一文が「ワシントン・ポスト」にも掲載された。そして「日本人の血を引く全員」を「戦略的地域から即刻一斉退去」させる方針が、国会議員らに確認された。真珠湾攻撃をめぐるアメリカ国民の怒りは、日系人に対する暴力と化した。

「一二万人以上の日系アメリカ人が自宅から追い立てられ、第二次世界大戦のあいだ中、国内一〇カ所の『転住センター』といくつかの刑務所に抑留」された。砂漠に建てられた「転住センター」という名の収容所は、「ジャップ」と謗られ、全財産を奪われた日系アメリカ人のゲットーだった。日本軍の攻撃を讃える一世と、アメリカに忠誠を誓う二世の意識の差異、対立に加え、所内の協力者へのリンチもあった。さらに、敵国人としての扱い、アメリカ軍巡視兵の侮辱を受けるなど、複雑に絡む、ありとあらゆる憎悪の構図が収容所にはあった。著者はそこにアメリカ近代史の汚点を見るだけではなく、戦時下の人間心理の歪みも問うている。

本書は、日系二世を含む、第四四二連隊と合体した第一〇〇歩兵大隊の、ヨーロッパ戦線におけるバンザイ攻撃なども追跡調査している。また、語学兵など二世兵士の個々の戦場体験も記録している。二世兵士に対する、戦後のアメリカ国内での視線の変化にもふれている。そして、第二次世界大戦の裏側に潜む、各国の「戦争犯罪」の総括を教えている。著者の執筆姿勢に学ぶべき点は多い。

人種差別、排外主義、恐怖と表裏を成す報復の感情。アメリカ合衆国に連綿として存在する暗部、憎悪の構図。戦時中、日系アメリカ人が直面した差別と、隔離政策の恐るべき実態を描いたノンフィクションである。

（朝日新聞　２０１８年２月４日）

中田整一

『トレイシー　日本兵捕虜秘密尋問所』

講談社　２０１０年４月

長年、太平洋戦争史を検証してきたが、時に奇妙な事実に出会った。ガダルカナルで捕虜になったある日本軍兵士は戦後、帰国するや氏名を変え隠れるように生きた。やはり捕虜になった海軍士官は、収容所での体験を一切口にしなかった。なぜだろうという私の疑問は、本書によって氷解した。

アメリカ軍は捕虜の尋問に最新機器を導入し、高度な技術、システムを用いていた。心理分析を通して容易に得た機密情報は、精査のうえすぐ作戦に反映させた。一九四四年（昭和十九）末から始まった日本への本土爆撃は、まるで軍事施設や航空機製造工場の位置を知っているかのように的確だったわけだが、たとえば本書の冒頭には皇居の地図があり、天皇の執務および生活の場所など、アメリカ側はすべて把握していたという。捕虜となった近衛兵が尋問で詳細に答えたのだろう、きわめて正確だ。

このように有用な情報を得るため、アメリカ陸海軍は一九四二年十二月にカリフォルニア州バイロンで秘密捕虜尋問センター、暗号名「トレイシー」を開設した。トレイシーでは四五年七月までの二年七ケ月、各地で捕虜になった日本兵から重要情報を持つ者を選抜、連行し、日本語に堪能なアメリカ軍将校が尋問したという。総数二千三百四十二人の捕虜を、一万三百八十七回尋問し、千七百十八件の報告をワシントンへ送った。その内容は当時も戦後も一切秘密で、とくに日本側は捕虜で後ろめたさもあり、決して洩らすことがなかった。元ＮＨＫプロデューサーでノンフィクション作家の中田整一（一九四一―）は、現在はワシントンの国立公文書館で公開されている内部資料を読み込み、現地を訪ね、一部の関係者にも取材し、トレイシーの実態を読者に提示した。労多き仕事である。

機密情報を洩らした日本兵の心理について、著者は「時代後れの認識の軍律」たる戦陣訓などに因を求めているが、たとえばトレイシーにおける尋問対象第一陣の海軍士官は、自らの戦争観を明かすことで心を開いていった。

ほか、実際にアメリカ軍空母の内部を見せられたゼロ戦の操縦士は、日本との戦力の格差を述べ、ゼロ戦の構造も明かした。航空機製造工場の内部を知る陸軍上等兵は、スケッチを交えてこれを詳細に伝えた。工場は偵察機による確認を踏まえ、まもなく精密爆撃された。

トレイシーの尋問官たちは暴力で威圧することがな

かった。「人間」として接し、捕虜の「悩み」を共有して、情報を引き出した。もとよりそれはテクニックの一つだが、それを承知しながら、尋問に答えた日本兵は、心底では戦争終結こそ祖国のためとの思いを固めていった。著者は人道上の視点を以て、この彼らの思いを諒解し、彼らの側に立って分析を進めている。ゆえに読後、彼ら捕虜を裏切り者と見る思いは湧かない。ただアメリカが、日本の軍事機構に顕著だった「人間不在」を、見事に逆手に取ったという認識が深まるばかりだ。

（朝日新聞　2010年5月2日）

一ノ瀬俊也
『日本軍と日本兵　米軍報告書は語る』
講談社現代新書　2014年1月

本書を一読しての率直な感想は、確かに物量が軸となる軍事も、最終的には互いの国の文化や価値観の衝突だというものである。日本軍も最初から人命を軽視していたわけではないのだが、米軍の人命に対するこだわりと比べると、あの戦争の結末も容易に予想できたように思う。

太平洋戦争下、米軍の対日分析は、しだいに社会や兵士の本質に近づいていき、その実像を正確に描き出した。本書の「おわりに」で近代日本軍事史、社会史の一ノ瀬俊也（一九七一―）は、米軍広報誌が描いた日本兵について「多くは「ファナティック」な「超人」などではなく、アメリカ文化が好きで、中には怠け者もいて、宣伝の工夫次第では投降させることもできるごく平凡な人々である。〔略〕兵たちは将校の命令通り目標に発砲するのは上手だが、負けが込んで指揮官を失うと狼狽し四散した」と記している。数多くの米軍側の資料にふれてのこの結論には、あらためて実感が湧く。

もともと日本人は、音楽や映画なども含め、近代以来の交流からアメリカ嫌いではなかった。「鬼畜米英」などと狂信的なスローガンを軍部が国民に強要するのは、昭和十九年（一九四四）に戦況が極端に悪化してからのことである。

本書の第三章と第四章は、太平洋戦争を前後半に分けて、日本軍の作戦を米軍がどのように読み解いたかを明かしている。その記述はかなり緻密で、説得力がある。

たとえば戦争後半の「対戦車肉攻兵」についてはこう記している。「現実の肉攻は兵を自爆させてその命を戦車と交換する戦法」で、ゆえに命じられた日本兵の士気は下がったと。また、日本軍は狙撃兵の体を木に縛りつけ、死んでも落ちないようにしていたため、米軍は困惑したとのエピソードも紹介されている。米軍は日本兵がそこまでして戦いつづける理由を「我が軍に弾薬の浪費を強いているのだ」と考えたという。

昭和十八年（一九四三）五月のアッツ島での戦闘は「玉砕」の始まりとなるわけだが、実際に戦った米兵は、日本兵はすぐ混乱状態になったと証言しており、また小銃、機関銃射撃が下手で、格闘技も弱かったとの指摘も興味深い。

一方、フィリピン戦などでは、バンザイ突撃を行わず、戦法に合理的な側面もあったという。日本軍の高級将校の指揮にも差異があったわけだが、しかし全体に日本軍は戦略、戦術の統一に欠けていたことがわかる。日本軍捕虜の心理、日本兵と中国兵の発音の特徴など、多方面にわたる情報解析の能力でも、日本はアメリカに敗れていたと、本書は結論づけている。

（週刊文春　2014年2月27日号）

マクスウェル・テイラー・ケネディ

『特攻　空母バンカーヒルと二人のカミカゼ』

中村有以訳　ハート出版　2010年7月

六百七十頁に及ぶ大著を閉じて、二つの思いを反芻した。一つは、二人の日本軍特攻隊員の自爆によって受けた、当時のアメリカ軍の最新空母バンカーヒルの被害状況と、乗り合わせていた将兵三千四百人の生死を検証することで、両国の戦争観、文化観、倫理観の違いを、くっきりと浮かび上がらせたとの思いだ。もう一つは、ジョン・F・ケネディ（一九一七―六三）の甥であり、一九六五年生まれの弁護士で作家のマクスウェル・テイラー・ケネディが、どのような姿勢で

「戦争」を語り継ぐべきかを教えているとの思いだ。私は日頃から、記憶を父とし、記録を母として、教訓という子を産むべきだと主張しているが、その典型的な書で、感動を覚えた。

著者は、一九四五年（昭和二十）五月十一日までの、日本とアメリカの軍事衝突をなぞり、日本がしだいに特攻作戦を採っていく道筋を説明する。この辺りの描写は日本人から見れば十全とは言えないが、視点自体は理解できる。ウィンストン・チャーチル（一八七四—一九六五）のノーベル文学賞受賞作『第二次世界大戦』（一九四八—五三）の日本人観に影響を受けているとの印象を受けるが、とくに学徒兵特攻隊員の小川清（一九二二—四五）の出自や大学生活、昭和隊の隊員になるまでを、遺族や戦友の証言で裏づけた労には頭が下がる。

一方、アメリカ海軍の「驚くべき最新技術の結晶」である空母バンカーヒルについては、その建造理由、内部がいかに戦闘用に設計されていたか、多様な職種の兵士たちの作業内容、さらには乗組員個々人の意識までを調べつくしている。

一九四三年十一月の、中部太平洋におけるタラワ島への攻撃以後、バンカーヒルはサイパン、硫黄島、そして戦艦大和の撃沈など、いくつもの戦果を挙げていった。だが、五月十一日に小川と安則盛三（やすのりせいぞう）（一九二四—四五）の特攻機二機に体当たりされ、戦線を離脱した。

著者はこの攻撃による被害の大きさや乗組員の犠牲、生存者の動向などを二百頁余にわたって描写しつづける。「アメリカ軍にとって、戦略上、非常に重大な敗北」だったからだ。

著者が公開させたと自負する文書や写真が、本書のテーマに一層の厚みを与えている。

（朝日新聞　2010年9月26日）

セバスチャン・ロファ
『アニメとプロパガンダ　第二次大戦期の映画と政治』
古永真一、中島万紀子、原正人訳
法政大学出版局　2011年7月

第二次世界大戦当時、アニメの技量でもアメリカが抜きん出るなか、プロパガンダの効用を求めて各国のレベルも一気に上がったそうだ。手っ取り早く「敵のイメージ」を国民へ説くのに最も有効だと、人材と資本が投じられた結果である。

歴史家でアニメ研究者のロファ（一九八〇―）は当時の世界のアニメをほとんど見たのだろう。作品を通じて各国の戦争目的や民衆の意識を平易に分析している。日本の『空の荒鷲』（一九三八）が示すエピソード。イギリスの首相の名をもじったイタリアの『チャーキル博士』（一九四二）のファシズム賛歌。ドイツではウォルト・ディズニー（一九〇一―六六）製作の『白雪姫』（一九三七）の上映禁止をめぐる混乱があり、また、戦争末期に制作された『間抜けなガチョウ』（一九四四）の脚本は凡庸だが、反ユダヤのメッセージが巧みに盛り込まれていた。これら枢軸国の事情だけではなく、中立国やドイツ制圧下のヨーロッパ各国のアニメにもふれている。

著者の母国フランスの記述が質量とも多く、たとえば傀儡のヴィシー政権（一九四〇―四）下でアニメに託されたのは、「フランス人を〈現実からの〉脱出へと導く」思想だった。ドイツのプロパガンダは、レジスタンスを指導する亡命政府、自由フランスの批判に必死だった。

連合国の章では、日本軍制圧下の中国で、萬籟鳴（ワンライミン）（一九〇〇―九七）と萬古蟾（グチヤン）（一九〇〇―九五）の兄弟の制作、監督によるアニメ『鉄扇公主』（一九四一）が爆発的な人気を呼んだことが記される。孫悟空物だが、「間接的に日本という敵を茶化している」。

重要なのは、アニメ先進国アメリカの巨大資本、ディズニーやワーナーなどが、いかなる内容で、どれほどの作品を産んだかを説いた点である。日本人は「人種差別」の対象として描かれ、この敵国に対する憎悪は、ドイツの比ではない。

歴史記述に軽率な断定が窺えるが、それを差し引いても、新しい世代による新しい視点の労作であることに変わりはない。

（朝日新聞　2011年10月16日）

アントニー・ビーヴァー
『第二次世界大戦　1939-45』（上中下）
平賀秀明訳　白水社　2015年5、6、7月

歴史における第二次世界大戦の意味を分析した書ではない。一九三九年（昭和十四）九月から四五年九月までの戦争を克明に追ったドキュメントに、読後、私は自ら論を立てる必要を感じ、焦慮に駆られた。

ヨーロッパにおけるナチス・ドイツの勃興と伸長がいかなる経緯を辿り、やがて解体へと至ったか。アドルフ・ヒトラー（一八八九―一九四五）、ヨシフ・スターリン（一八七八―一九五三）、ウィンストン・チャーチル（一八七四―一九六五）、フランクリン・ルーズヴェルト（一八八二―一九四五）ら指導者の世界観、歴史観から、それに振り回された民衆の姿が、軍事史家の眼で解き明かされていく。著者のビーヴァー（一九四六―）は「主要国の対立軸が「英米ソ」対「独日」という形で整理される以前、ドイツ相手の戦争と、日本相手の戦争は、それぞれ別個の軍事衝突として進行していた」と見る。

言うまでもなく、第二次世界大戦は第一次世界大戦を引きずっている。第一次世界大戦の敗戦国ドイツのヒトラーは、自身存命中のヨーロッパ征服を決意し、行動を起こした。ポーランド、フランス、オランダ、ギリシャ、ノルウェー、デンマークなどへ軍を進めるヒトラーの思想にふれながら、著者はドイツ軍の電撃作戦を詳細に語っていく。

フランスを陥落させたドイツは、イギリスを視野に入れた。警戒を高めたイギリスの市民は「突如として、目覚めた」。そして四四年六月、イギリスとアメリカを中心とする連合国軍は、フランス北西部ノルマンディーにおける「史上最大の作戦」で反攻に転じた。

日本は、ヨーロッパを席巻したドイツにイタリアを加え、三国同盟を結んだ（一九四〇）。しかし、ヨーロッパの戦時情勢を俯瞰したうえで振り返ると、日本が初期のドイツの優勢な状況に幻惑され、これを利用して対中国戦争の解決を図ったことは、発想自体に甘さがあったと言わざるを得ない。第二次世界大戦での日本は軽率すぎた。

第二次世界大戦の歴史的本質は、スターリンのソ連

を倒して東方へ支配圏を拡大しようとしたヒトラーの企みに宿っている。独ソ戦の内情の描写は多岐かつ細部にわたり、ドイツ側の差別意識、ソ連側の憎悪が歯車として嚙み合い、互いを残虐行為へと走らせたことも窺える。さらに、ナチスによるユダヤ人虐殺の狂気の背景も浮かび上がる。

スターリンも自軍兵士の逃亡や厭戦行為にはすべて処刑で応じたが、イギリス人の著者は批判を繰り返している。また、真珠湾を叩くことで対米講和を求めようとした日本の軍事指導者については、「驚くべき想像力の欠如」と断じている。

第二次世界大戦について総括するなら、人類が悪の部分を出し切ったという結論になろうか。上中下巻で千五百頁を超える大冊を書き上げた著者の体力と知力に感嘆しつつ、これがイギリスの歴史家が警告する戦争の真実かと、身が引き締まる。

（朝日新聞　２０１５年10月11日）

シャーウィン裕子

『戦争を悼む人びと』

高文研　２０１６年２月

戦場体験を語り継ぐには勇気と理性が要るが、本書の行間に流れるのは、「そんな史実はない」と遁辞（とんじ）を弄する歴史修正主義者への怒りである。

画家で作家のシャーウィン裕子（ひろこ）（一九三六―）は、大学卒業後、アメリカへ渡り、スイスにも住んだ。現在はイギリスにいる。太平洋戦争下の日本軍による元イギリス軍兵士への苛酷な虐待を知り、平成二十二年（二〇一〇）以降しばしば日本に戻り、元兵士たちの声を聞いた。この記録が本書の第一部に収められている。

元兵士とは、中国帰還者連絡会（中帰連）の会員ら六名だが、大陸および南方戦域での虐殺、また特攻や重爆撃など内容はおぞましい。平凡な庶民が「東洋鬼」と化す心情を、著者は詳しく聞き出している。

第二部は、そのような加害の記憶を受け継ぐ者の証言が中心となり、戦犯の息子とイギリス軍捕虜との交流が紹介されている。

「日本軍は命を大事にしなかったんだよ、自国の兵士をも含めて」と語った元日本兵の言葉に、著者はこだわる。まさに海外在住者の視点である。

（朝日新聞　2016年4月10日）

小菅信子、ヒューゴ・ドブソン 編著
『戦争と和解の日英関係史』
法政大学出版局　2011年7月

イギリスのメディアは、五月八日のヨーロッパ戦勝記念日と、八月十五日の対日戦勝記念日で報道姿勢が異なる。前者には回顧、郷愁、和解、祝賀といった四つの向き合い方が示されるが、それが後者では薄かった。とはいえ、五十周年の一九九五年（平成七）と六十周年の二〇〇五年を比べると、対日戦勝記念日にも次第に、先の四つの向き合い方が示されるようになってきたという。つまり、憎悪や敵対の感情を持つ層が減ったと。

本書は、日本とイギリスの和解史が専門の研究者、小菅信子（一九六〇―）の意欲と熱意で生まれたと言える。もう一人の編著者ドブソン（一九七一―）ら世代の異なる十二人の日英の研究者が、各自の専門領域を通して、両国の和解の歴史を辿っている。イギリス人の怒りをかき立てる捕虜虐待の事実も検証し、背景まで丁寧に解説している。たとえば泰緬鉄道建設における捕虜虐待について、日本側の論者が軍事組織にメスを入れる一方で、イギリスにもアジア人への残虐行為の歴史があり、表立った批判ができなかったとの論点も示されている。

本書はイギリスでも刊行されているが、論者の一人が指摘するように、和解にモデルはなく、ゆっくり時間をかけて進める以外ないとの思いが共有されている。日本と戦ったイギリス人にとって、ドイツとの和解はあり得ても、日本は「国際社会のなかにふたたび招き入れることの最後までできない国」で、「日本人はつねに「好きになるのが難しい」人々」であり、今なお複雑な感情が残っていると明かされる。

結論は、未だに心底でのコミュニケーションが双方に不足しているとの認識である。両国それぞれのアメリカに対するような関係性は、互いに決して築けないが、しかし共有できる価値観は数多くあり、これを深化させていくことが重要だと述べたイギリス側の研究者の論が、説得力を持つ。互いに自己満足と独善は避けたいとの編者の提言が瑞々しい。

（朝日新聞　2011年8月7日）

張承志
『中国と日本　批判の刃を己に』
梅村坦監訳　亜紀書房　2015年10月

本書は中国語圏で広く読まれている日本人論だ。著者の張承志（一九四八—）は北京に住む著名な作家で歴史学者、研究のため日本に滞在したこともある。日本への関心の深さが窺え、分析も正鵠（せいこく）を射ており、自省を促される。

内容は実に幅広い。赤穂浪士、大川周明（一八八六—一九五七）、歌手の岡林信康（一九四六—）、長崎の街を通して見た原爆論、福沢諭吉（一八三四—一九〇一）を引いての入欧論やアジア主義、一九七二年（昭和四十七）にリッダ（テルアビブ）空港を銃撃した三人の赤軍兵士と、日本の歴史に縦横に目を配っている。

日本の国民性を探ることは、中国自身を省みることになるとの著者の思いは、私たちにも重く響く。冷静な筆調に加え、文学者の視点も随所にちりばめられ、この種の書としては説得力がある。

著者の結論を記せば、中国が日本に学ぶべきは「熱狂的でかつ利己的な民族主義が、もっとも恐ろしい毒薬」になるということ。日中双方が嚙みしめたい言葉である。

（朝日新聞　2015年12月20日）

Ⅷ章……沖縄

松本仁一『兵隊先生　沖縄戦、ある敗残兵の記録』

新潮社　2012年3月

国の歴史としての戦争・戦場体験は、語り継がれることで国民の財産となる。大本営参謀らが語る戦争体験は弁明、遁辞にすぎず、非人間的だが、兵士たちの証言は聞くだに辛い。しかし、いずれも語り継がずして、教訓など得られようか。

本書が国民の財産の範たり得るのは、航空隊の整備兵として沖縄へ送られた一兵士の戦場体験に、徹底的にこだわっているからだ。この一兵士とは著者松本仁一（一九四二―）の義父、康男で、戦時下の庶民の人生がどのように翻弄されたかを、元新聞記者としてのみならず、次世代として確かめたいとの強い使命感が、こだわりの根底にある。兵士康男の人生の背景に見え隠れする同時代者の運命、戦争を国策とした指導層の俯瞰図と、著者の筆は、個人史を含めてとにかく緻密であろうと努めている。

沖縄戦でひたすら逃げまどう兵士たちの、ある者は死に、ある者は生き残る。沖縄の人びともまたガマ（洞窟）での生活で、命じられるままに自決する者もおり、生死は分かれる。前半で語られる康男の絶望はしかし、ある一家との交流で和らいでいく。そして、収容所で匿われた康男は、仮設の小学校の教師として子供たちに接することで、戦時でも日常を取り戻していく。著者の「地獄の窓から現世を見ているような、不思議な感覚」といった表現には、これしか言いようのない思いが凝縮している。

元朝日新聞編集委員の著者自らが記録した日本軍兵士の戦場体験で裏づけられているが、アメリカ軍兵士は捕虜を本土出身者、台湾や朝鮮の出身者、沖縄出身者に分け、沖縄出身者はさらに兵士、軍属、民間人に分けて、それぞれ扱い方を変えるよう指示されていた。日米の戦争観の違いも浮き彫りにした本書は、沖縄戦で逝った兵士たちを鎮魂するための、墓標と言えるのではないだろうか。

（朝日新聞　2012年5月20日）

川平成雄
『沖縄　空白の一年　1945-1946』
吉川弘文館　2011年1月

七尾和晃
『沖縄戦と民間人収容所　失われる記憶のルポルタージュ』
原書房　2010年12月

近現代における史実の見方は、二つのタイプが先導している。東京発信の中央集権型解釈と、アカデミズムが軸の史料主義的解釈である。いずれにも見落とされた視点と証言があり、史実の見方を狭めていることは否めない。

近年の沖縄論にも同様の構図があるのだが、しかし沖縄をめぐる教科書問題や、普天間基地に象徴される戦後の未決算が契機となり、中央集権型および史料主義的な見方を超える書が発表されつつある。沖縄社会経済史が専門の琉球大学教授川平成雄（かびらなりお）（一九四九―）の書は前者を超え、ルポライター七尾和晃（ななおかずあき）（一九七四―）の書は後者に欠ける証言を補ったという点で注目されていい。

とくに川平書は、沖縄を本土の感傷でなぞる既刊書も含め、従来の論に疑問を投げかけた重みを持つ。沖縄に「戦後」はないとの視点を繰り返し指摘しているが、これは牛島満（一八八七―一九四五）司令官が自決した六月二十三日も、あるいは八月十五日も九月二日も関係なく、慶良間列島が占領された三月二十六日のニミッツ布告第一号から、翌昭和二十一年（一九四六）四月十五日の貨幣経済復活までのほぼ一年間を「空白」と捉え、そこに沖縄の特異な戦時、戦後体験があったとの見方による。ニミッツ布告とは、チェスター・ニミッツ（一八八五―一九六六）元帥が出した沖縄占領統治の基本法令で、第一号「権限の停止」は、日本の行政権と司法権の停止を住民に通知したものである。

また川平書は、沖縄の人びとにとっての戦争終結は、各自がアメリカ軍に捕らわれた日との見方も示している。八月十五日の時点では、いくつかの収容所には学校もあり、教育を受けることができた。新聞も発行されていた。捕虜となった沖縄の人びとはすでに新しい生活に入っていたわけだが、この状況は今なお続いていると述べ、理由も説き明かしている。沖縄を制圧した段階でアメリカ軍はその将来の使い道と価値を知っていた。地質が良く農業に向く土地は軍事施設にも適する。加えて東西冷戦に対応する基地としても、手放すわけにはいかなかった。

沖縄は日本に切り捨てられた。かつての軍も戦後の政府も、沖縄の人びとをいかに利用したことか。ほかにも戦災孤児のマラリアなど、私たちが見逃し、傍観していた史実が示され、東京発信の中央集権型解釈は黙する以外にない。アメリカ軍の収容所のほうが日本軍の下にいるよりはるかに安全で、生活も保障されていた現実。アメリカ軍将校の傲岸な言動に、食糧を与えよと抗議し、受け容れられたショウランド事件の例は、収容所のほうが格段に民主的だったことを示している。

しかし、アメリカ軍が生活を保障した収容所の「民主主義」の矛盾にも気づかされる。収容所をアメリカのインディアン居留地になぞらえる無理もあるが、とくに七尾書は、当時の沖縄の人びとの証言を数多く集め、彼らの心情を的確に描いている。

川平書と七尾書で従来の沖縄論の欠落が明らかになり、私はしばし茫然としつつ、考え込んだ。

（朝日新聞　２０１１年２月13日）

北村毅『死者たちの戦後誌　沖縄戦跡をめぐる人びとの記憶』

御茶の水書房　２００９年９月

戦争体験と戦場体験は意味が異なる。戦争体験とは戦時に生きたことを意味し、戦場体験とは国の目的に沿って兵士が命を奪い奪われたことを意味する。ただ、太平洋戦争下では、兵士だけではなく、多くの庶民が大きな犠牲を払った。なかでも非戦闘員として事実上、日本軍の盾にされたのは、沖縄県民だけである。

沖縄戦では生死の分かれ目が紙一重であった。ゆえに生者が死者であり、死者が生者であるとの理解も成り立つ。文化人類学者で沖縄研究者の北村毅（つよし）（一九七三―）はこの理解を、自らの研究姿勢の土台に据える。沖縄戦、アメリカ軍の占領、戦後の遺骨収集、記念碑の建立、本土出身の戦死者の遺族による追悼と慰霊の屈折、沖縄の生者に潜む複雑な心理など、実に多様な面からの分析を試みている。従来の類書にはない視点を示し、立論も密度が濃い。

たとえば「集められた遺骨は、集落ごとに設置された納骨所へと収められた。生活そのものが死者と向き合う営為」といった記述がある。遺体や遺骨が支配する世界では「生者こそがよそ者であったのかもしれない」といった逆説も強調される。また、ある種の慰霊塔については「その場で記念＝追悼されるのは、軍人か軍への協力者（軍属等）に限られる」とも言う。これはまさに生者による死者の政治利用である。

「沖縄病」をめぐる考察はとくに鋭い。著者の言う沖縄病とは、戦後社会にあって、ひたすら憐れむだけの感傷や、悲劇の島といった負のイメージを重ねる「まなざし」などを指す。どのような時に沖縄病に罹患するのか、どのような症状が出るのか、その具体的な記述も興味深い。

末尾で著者は「日本社会は、戦死者を悼んできたとはいうが、その死を痛んできただろうか」と問う。この問いに、戦争体験を持つ世代は真摯に答えられるか。戦後社会の最も重い問題が引き出されており、私自身にもずっしりとのしかかる結論である。

（朝日新聞　2009年11月22日）

浅井春夫
『沖縄戦と孤児院　戦場の子どもたち』
吉川弘文館　2016年3月

戦争孤児について、とりわけ沖縄戦における内実はほとんど検証されていない。この領域に社会学者の浅井春夫（一九五一―）が挑んだ。

もともと沖縄には、孤児院や養老院がなかった。共同体に扶助の精神が息づいていたからだろう。しかし、それが戦争で崩壊した。昭和二十年（一九四五）四月一日のアメリカ軍の沖縄本島上陸と同時に造られた収容所には、孤児だけの施設もあった。本書によれば十三ケ所が確認されている。瓦葺きの立派な建物を利用したコザ孤児院には、沖縄戦終結後、六百人余の子供たちが収容されていたとの説もある。

両親を失った子供たちのための施設は、アメリカ軍将兵の協力はもちろん、日本人院長や教育者、また慰安婦の見守りもあって支えられた。しかし、孤児たちが残飯を漁り、収容所に入っても多くの差別を受けた話など、「戦争被害」の根深さに愕然とする。沖縄の孤児院研究のために「歴史の事実を銘記し共有」すべきだとの提言に、頷かされる。

（朝日新聞　2016年6月5日）

古関彰一、豊下楢彦
『沖縄 憲法なき戦後　講和条約三条と日本の安全保障』
みすず書房　2018年2月

戦後の日本国憲法の枠組みから外されていた沖縄県民、返還に至る国内政治、現在のアメリカ軍基地問題をめぐる政府の対応。昭和二十年（一九四五）八月の敗戦で、日本は連合国の占領統治下に置かれたわけだが、憲政史の古関彰一（一九四三—）と外交史の豊下楢彦（一九四五—）が、膨大な国会議事録や行政文書、外交文書を渉猟し、「軍事植民地」沖縄が生まれた経緯を丹念に辿って、論点を抉り出している。そして読者はこの俯瞰図が、太平洋戦争および東西冷戦の結果としての、準戦時体制を表していることに気づかされるのである。

昭和二十二年（一九四七）九月には天皇の「沖縄メッセージ」があった。御用掛の寺崎英成（一九〇〇—一九五一）がGHQ側に伝えた昭和天皇（一九〇一—八九）の見解は、アメリカによる「沖縄の軍事占領」の「継続」を「希望」するものであった。アメリカの利益になり、日本を保護することにもなるという考え方で、沖縄の統治政策に決定的な影響を与えた。

アメリカによる沖縄などの信託統治に同意を求めた対日講和条約第三条は「日本に潜在主権を残しつつ、米国を施政権者とする」というものであった。これが、国務長官顧問ジョン・フォスター・ダレス（一八八八—一九五九）の戦略的思惑であった。第三条をめぐる日本政府の答弁は常に曖昧で、ほとんど言いなりだったのではないか。

とりわけ興味深かったのが、沖縄返還を求めた日本政府の「根拠」の検証である。というのも昭和三十年代、一九六〇年代はじめに、首相の池田勇人(一八九九―一九六五)がジョン・F・ケネディ(一九一七―六三)大統領に「返還を求める意図は全くない」と述べていたのだ。結局、次代首相の佐藤栄作(一九〇一―七五)が、やはり次代の大統領リンドン・ジョンソン(一九〇八―七三)に「沖縄住民と日本国民の『強い願望』」を伝え、「これに米国が応えてくれること」を求めたのであった。講和条約締結時の首相、吉田茂(一八七八―一九六七)の発言と同じだが、「強い願望」についてでは、その本質を問い直さなければならないと著者たちは指摘している。

「強い願望」の背景には、沖縄県民九十万人が、憲法も国籍もなく植民地同様の状況で、長期にわたり外国軍の支配を受けているという現実があった。なぜ沖縄は「基地の島」になったのか。現政権に至る道筋に埋め込まれたいくつもの誤謬が、沖縄県民を「核の島」に閉じこめているとの見方に考えさせられる。

(朝日新聞 2018年4月28日)

Ⅸ章
……科学、原爆、広島、長崎

辻哲夫

『物理学史への道』

こぶし書房　2011年9月

近代日本で物理学はどのような発達をしたのか。西欧の学問の枠組みがいかに簡略化され、日本に持ち込まれたか。石原純（一八八一―一九四七）と湯川秀樹（一九〇七―八一）が目立った基礎理論が、ある時期までなぜ弱かったたか。そもそも誰がいつ「物理学」と名づけ、日本人はどう関わってきたのか。このような問いを、物理学者で科学史家の辻哲夫（一九二八―二〇一二）は、ガリレオ（一五六四―一六四二）やニュートン（一六四二―一七二七）による科学革命の時代から平易に解説していく。

本書は多様な読み方ができる。つまり社会科学や人文科学に親しんでいる読者は、著者の意図とは別の捉え方もできるという意味で、私は次の三つの指摘に惹かれた。

（一）日本で物理学は「西欧の近代的な学問の代表」として受け入れられ、「思想的機能をまったくはぎとられた貧困の姿」から始まった。

（二）「日本の物理学者は、その専門の知的活動があまりにも伝統文化とかけ離れていた」ため、たとえば寺田寅彦（一八七八―一九三五）や朝永振一郎（一九〇六―七九）の随筆、石原純の和歌などはこれを埋め合わせる意味があった。

（三）科学、技術の振興が声高に叫ばれたのは、「わずかに第二次大戦の開戦前後二、三年」のことだった。

裏を返せば（一）が意味するのは、官製の性格が濃厚だったということだ。明治の初めに伊藤博文（一八四一―一九〇九）が英一番館（商館）へ持ちかけた工学教育に端を発している。（二）は、日本の歴史と自身の知性の遊離に対する物理学者の不安の顕れか。（三）は、すべてが戦争遂行の目的のみに沿うよう求められた時代の、必須の学問だったことを意味している。

冒頭、物理学から物理学史へ転じた畏友の生涯をなぞったことには、テーマに人間味を吹き込む意図があったのだろう。だからか、時に語られる科学者の小伝も立体的だ。

（朝日新聞　2011年12月4日）

アミール・D・アクゼル

『ウラニウム戦争　核開発を競った科学者たち』

久保儀明、宮田卓爾訳　青土社　２００９年12月

戦時下の日本で原子爆弾製造計画「二号研究」に関わった人物の、正直な感想を聞いたことがある。「誤解されると困るが」とその原子物理学者は前置きして、「広島への原爆投下を知った時、我々の机上の計算が現実になるとはこういうことかと感慨を持った」と呟いた。自らの研究が人類の不幸に通ずるというジレンマ、二十世紀の科学者が背負い込んだ、根源的な苦悩である。

ウランという元素がいかにして発見され、原子爆弾まで行き着いたかを、科学ノンフィクション作家のアクゼル（一九五〇―二〇一五）は丹念に辿っているが、多様な読み方ができる書だ。二十世紀の先端を行った科学者たちの研究史、地球上に存在する物質の謎を解き明かした科学史、あるいは、科学研究と政治思想の関係史とも読むことができる。私自身は、第一次世界大戦の毒ガス、第二次世界大戦の原爆といった大量殺戮兵器の研究開発が、いかに科学者の良心を麻痺させたかを問う書として読んだ。

たとえばオットー・ハーン（一八七九―一九六八）は、第一次世界大戦中は化学兵器の専門家として従軍、毒ガスの性能を高める実験を進め、さらに第二次世界大戦の前年には、原子核分裂を発見したというドイツの科学者だが、自伝のなかで「もはやいかなる良心の咎（とが）めも感じることができなかった」と弁明しているそうだ。ハーンがナチスの原爆開発に協力した理由、また、その研究の要だったヴェルナー・ハイゼンベルク（一九〇一―七六）をどう見るかなど、著者は客観的記述に徹している。なお著者は、イスラエル生まれのアメリカ人である。

核分裂を引き起こすウラン235を、天然ウランから分離するのは容易ではない。予算、人員、施設は政治の側の問題だが、政治の思惑が絡んだ瞬間、科学は隷属を迫られる。二十世紀はまさに、科学が政治に隷属した時代であった。ピエール（一八五九―一九〇六）とマリー（一八六七―一九三四）のキュリー夫妻、アンリ・ベクレル（一八五二―一九〇八）、アーネスト・ラ

ザフォード（一八七一―一九三七）、ニールス・ボーア（一八八五―一九六二）、リーゼ・マイトナー（一八七八―一九六八）、エンリコ・フェルミ（一九〇一―五四）、アルベルト・アインシュタイン（一八七九―一九五五）など、多くの科学者がそれぞれの状況下で闘い、煩悶した。著者は彼らの生き方を詳細に検証し、一人一人に突きつけられた問題を整理している。ゆえに、「ウランが秘めている力をクリーンなエネルギーとして利用」することが可能か否か、人類は今、岐路に立っているとの結論に、深く考えさせられるのである。

（朝日新聞　２０１０年３月14日）

奥田博子
『原爆の記憶　ヒロシマ／ナガサキの思想』
慶応義塾大学出版会　２０１０年６月

広島、長崎の過去、現在、未来を独自の哲学で確かめ、本質的な問いに答えている。この大著を読み進めるうち、気づかされたのは、二十世紀から二十一世紀への橋渡しの役を果たしているコミュニケーション学の奥田博子の、歴史に対する真摯で奥行きのある思考だ。

被爆地広島、長崎の論として、既刊書にはない視点もある。たとえば表記について、大日本帝国の軍都「廣島」、戦後の一地方都市「広島」、原爆で廃墟と化し、平和の聖地となった「ヒロシマ」、ふるさとのイメージ「ひろしま」など、使い分けることに重要な意味があるという。また、原爆体験に耳を傾ける姿勢についても、「聞く」で始まり、「聴く」で背景や深層を読み取り、「訊く」で能動的となって、被爆者の心の奥底に残る記憶を共有できるという。ヒロシマにおける内向きの反核・平和運動の限界については、「原爆被害者という弱者の側にさえ立っていれば良し」という姿勢に警鐘を鳴らす。

「歴史は過去の記述ではなく、現在の再構築でもある」と著者は言う。被爆者を「感傷的に人間化」するのではなく、彼ら一人一人の人間性を回復させる力、つまり私たちが、戦争が奪った未来への想像力を持つべきだという訴えは、強く響く。

昭和二十年（一九四五）八月の原爆投下を、あらゆる面から論じ尽くした著者は、感傷や通俗的なヒューマニズムとは一線を画し、ひたすら被爆者の心に寄り添う。それは「国民国家というマクロな状況を一般市民というミクロな情況から検証する」姿勢に通じている。私たちは傍観者たり得ない。文明に取り込まれている以上、誰もがヒバクシャとして歴史のなかに立ちすくむ可能性がある。難解な言い回しも目立つが、覚醒と黙考を促され、興奮と感動を覚える書だ。

（朝日新聞　2010年8月8日）

高瀬毅
『ナガサキ　消えたもう一つの「原爆ドーム」』
平凡社　2009年7月

ジャーナリストの高瀬毅（つよし）（一九五五―）は言う。「いまの長崎には、爆心地やその周辺に、被爆のシンボルとなるような遺構はほとんどない」と。なぜなのか。

この問いを丹念に追った報告が本書である。広島の原爆ドームは歴史を視覚化しているが、長崎はその痕跡を歴史のなかに埋め込もうとしていると言えよう。

長崎では二つの側面から被爆の痕跡を消す動きがあったという。一つは「信仰」で、一つは「アメリカによる対日工作」だった。新鮮な驚きを抱く見方だが、多くの証言や資料に基づいた記述なので説得力がある。

浦上天主堂は爆心地から北東へ五百メートルの距離にあった。高さ二十五メートルを誇る東洋一の教会だった。原爆投下直後、市内は廃墟と化したが、この教会の壁やマリア像が、焦げたり焼けただれたりしながらも残された。戦後、破壊された浦上天主堂を保存し、被爆体験を次代へ伝えるか、新しい教会として改修するかの議論があった。当初は保存を主張していた市長が昭和三十一年（一九五六）、姉妹都市提携のためにアメリカのセントポールを訪れたあと、態度を変えた。また、教会側も大司教が、江戸期の弾圧を乗り越えた再生の証として、保存よりも改修を強く説いた。信徒のなかには原爆を「神の摂理」と受け止める者もいた。

著者は長崎で生まれ育ったが、キリスト者ではなく、「信仰」側の保存拒否をめぐる記述にも客観性がある。

さらに、「アメリカによる対日工作」については、姉妹都市提携の段階からどのような動きがあり、どのような人物が関わったか、ワシントンの国立公文書館で資料を渉猟し、不透明な部分に切り込んでいる。一方で、真実に辿り着けないもどかしさも正直に語っている。

最終頁を閉じて、深刻な思いに囚われる。ナガサキにはヒロシマとは異なる問題がある。著者が訴えるナガサキの信仰心や歴史への意識を、もっと知る必要がある。

（朝日新聞　2009年9月13日）

前田朗『人道に対する罪　グローバル市民社会が裁く』

青木書店　2009年4月

自らの主張を前面に出しながら、「人道に対する罪」の歴史的解釈とその流れ、そして現在の国際刑事裁判所を軸とする法的な枠組み、民衆法廷の果たすべき役割などを論じている。分析、解説、提言、いずれも重い。

法学者で戦争犯罪論研究の前田朗（あきら）（一九五五―）によれば、「人道に対する罪と呼ぶべき犯罪には数百年の歴史がある」。しかし「長い間、人道に対する罪の責任を追及するための条約は存在しなかった」。第二次世界大戦におけるドイツの戦争犯罪を裁いたニュンベルク裁判（一九四五―六）ではまだ一面的だった。東京裁判（一九四六―八）でも部分的に取り上げられただけで、「人道に対する罪」をめぐる定義は、旧ユーゴスラビア国際刑事裁判所の規程により具体化されたという。二十一世紀に入ってようやく要件が固まったことになる。

ジェノサイドといった人道への罪は、ナチスによるホロコースト、日本による南京大虐殺、アメリカによるヒロシマ・ナガサキなどいくつもあり、「比較不能な悲劇」だ。だからこそ被害実態を明らかにし、真摯に向き合うことが必要だと著者は訴えており、日本社会の甘さも指摘している。先に「第五章　人道に対する罪の現在」「第六章　国際刑事裁判所の設立」に目を通し、それから第一章へと読み進めるほうがわかりやすい。

（朝日新聞　2009年6月28日）

井上都『ごはんの時間　井上ひさしがいた風景』

新潮社　2016年9月

楽しかった子供時代。親の離婚。和解できぬまま亡くなった父。井上ひさし（一九三四―二〇一〇）の長女都《みやこ》（一九六三―）が、食事を通してふれ合った人たちの思い出を綴る。家族や知己が、表情豊かに生き生きと切り取られている。

たとえば「クラブハウスサンドイッチ」では、怒る井上ひさしがいる。「父と暮せば」執筆の折、被爆者の声を懸念した著者に、父は「原爆は人類共通の体験なんだ」と顔色を変える。

「茄子の味噌炒め」では、幼年期の記憶として、「こんなもの食えるか」と母に詰めよった父の姿が描かれ、それが自身の思い込みにつながったという。つまり、茄子の炒め物はまずい、と。長じて母となり、茄子の味噌炒めを「うまい」と言って食べる息子にふれ、記憶のなかの両親をいじらしく思う、といった具合である。

徹夜で執筆する父の書斎の入り口でアガサ・クリスティー（一八九〇―一九七六）に没頭した高校時代。夜中の三時に父と食べたカップ麺。自らが老いた時の、本と食についての夢も記される。食卓が親子関係の土台となっている。こまやかな神経が、全篇を貫いている。

（朝日新聞　2016年12月18日）

栗原俊雄
『遺骨　戦没者三一〇万人の戦後史』
岩波新書　2015年5月

堀川惠子
『原爆供養塔　忘れられた遺骨の70年』
文藝春秋　2015年5月

両書とも「戦没者遺骨は帝国の負の遺産」という視点を持つ。栗原俊雄（一九六七―）は毎日新聞記者の目で遺骨の戦後史を追っている。元テレビ記者でノンフィクション作家の堀川惠子（一九六九―）は、広島の原爆供養塔に一人通って遺骨の霊を慰め、遺族への返還に奔走した「ヒロシマの大母さん」の戦後史に寄り添っている。

太平洋戦争時、大日本帝国は倦くことなく「戦争死」を強制した。中国大陸や南方の各地で果てた者。今なお太平洋の海底に眠る者。もとより正確な死亡者数もわからない。兵士や軍属だけではなく、銃後の庶民の遺骨も多い。栗原はこれらの遺骨について、国家がどう関わり、遺族がどう受け入れたのかを論じている。自身も硫黄島など戦地を訪ね歩き、遺骨の収容に従事するが、胸中には複雑な感情がめぐる。遺骨はむろん無言だが、たとえば狙撃兵の頭蓋骨中の小さな鉄片は、アメリカ軍の攻撃方法や砲弾の種類を教えてくれる。また、せっかく遺骨の主がわかっても、引き取り手がない場合がある。「戦闘は終わっても、戦争の悲劇は未完」との栗原の言葉は重い。

堀川が記す「大母さん」こと佐伯敏子（一九一九―二〇一七）による献身的な遺骨の主探しは、あくまでも民間の善意といったレベルである。原爆供養塔の地下には七万柱の遺骨が納められている。その内部には行政も入りたがらない。佐伯は、原爆慰霊碑ではなく、遺骨のある場所こそが広島の中心との信念を持つ。「供養塔の地下室は、あの日のまんま。安らかに眠れというけれど、安らかになんか眠りようがないんよ」。佐伯がしぼり出した声に、「真実のヒロシマ」が宿る。

両書にふれると、戦後とは擬制だったのではないかと思えてくる。遺骨は沈黙している。しかし、戦争の愚を、私たちに強く訴えてくる。

（朝日新聞　2015年7月19日）

池内了

『科学者は、なぜ軍事研究に手を染めてはいけないか』

みすず書房　2019年5月

本書執筆きっかけは、若い学生たちの軍事研究に対する警戒心のなさ、むしろ資金面で歓迎する姿勢に、危機感を抱いてのことだと宇宙物理学者の池内了（一九四四―）は言う。

なぜ軍事研究に手を染めることが危険なのか、その説得は科学論にとどまらず、教育論、大学論、文明論、防衛論、さらには研究者としての良心にまで及ぶ。防衛省創設の委託研究制度を踏まえた警世の書と言えよう。

第一次、第二次世界大戦の折、人類は自らを絶滅させ得る兵器を産み出した。毒ガスとウラン爆弾である。開発者にはどのような人物がいたのか、戦争と科学を関係づけ、具体的に描写している。

毒ガスを考案したフリッツ・ハーバー（一八六八―一九三四）とドイツ軍の結びつきを見ていき、「科学者も祖国に奉仕すべき」との理想像があったと説く。やがてナチスの時代となり、ユダヤ人だったハーバーは国外へ追放されるが、科学者の自律性を捨て、国家と一体化した結果の悲劇と著者は見ている。

ウラン爆弾にしても、ナチスに協力したヴェルナー・ハイゼンベルク（一九〇一―七六）は、戦後になって虚言を弄し、自己弁護に努めた。たとえば「軍事研究は科学の発展に寄与する」とか「作った自分に責任はなく、使った軍が悪い」とか、科学者が戦争に協力した際の言い訳の虚を、著者は衝く。

結局、科学者が責任を取らないのは、「軍に押しつけておけば軍が責任を取ることはないと知っているため」と断じる。

科学や技術の発展に寄与すると思い込んだ「単細胞的な発想」から抜け出すための、専門職（プロフェッション）としての研究者のあり方をめぐる指摘は貴重だ。誇りや責任感のない技術屋に堕するのを防ぐ倫理を、著者は具体的に述べている。

現代日本の軍事研究を俯瞰しながら、防衛装備庁の文書の矛盾や、本音と建前を使い分ける二重基準を指摘する著者の論述には、重い響きがある。軍事力依存の自衛論に反対する信念が、本書を一般に開かれた内容にしている。

（朝日新聞　２０１９年７月６日）

X章

……戦犯、裁判

井上寿一

『戦争調査会　幻の政府文書を読み解く』

講談社現代新書　2017年11月

なぜ日本はアメリカ、イギリス、オランダとの戦争に突入したのか。どの段階で国策を誤ったのか。敗戦後、東久邇稔彦（一八八七―一九九〇）のあと首相に就任した幣原喜重郎（一八七二―一九五一）は、自らの内閣でこの疑問を解明することが歴史的使命だと考えた。閣議でも了承され、「敗戦の原因及実相調査の件」が具体化した。「大東亜戦争調査会」である。

事務局長官には庶民金庫理事長の青木得三（一八八五―一九六八）が就いた。五つの部会、委員二十人余で発足し、太平洋戦争の原因究明に乗り出したわけだが、その調査内容については、あまり知られていなかった。というのも調査を始めてほぼ一年で、対日理事会でイギリス、ソ連などから、部会のメンバーに旧軍の指導者がいることを咎められ、強硬な意見が出て、つまるところ解散したのだ。

しかし、多数の戦犯の逮捕、公文書の焼却といった困難のなかでも、四十回超の会議が行われ、議事録や証言録など、資料（全十五巻）は残された。近現代日本政治外交史の井上寿一（一九五六―）は、あらためてこの記録を検証、分析することで、歴史の教訓を現代に生かすべきだと主張している。たとえば、第四部会の委員だった元東京帝大教授の日本史学者、中村孝也（一八八五―一九七〇）は「山中に入って山を見ずで、今われわれは山の中にいるから、全貌を見られない」と発言している。つまり、戦争へ至る全体像の解明には時を要すると言っているわけだが、著者は「当時から約七〇年を経た今こそ」このような記録に基づく太平洋戦争史を描くべきだと促し、開戦と敗戦の実相に迫るのである

著者は個々の史実にふれながら、太平洋戦争では文官側の発想、智恵、識見がほとんど生かされなかったことを浮き彫りにしている。その遠因を明治維新、日露戦争、第一次世界大戦に求めていく論の広がりが参考になる。解説もわかりやすい。

五ケ年計画での調査を構想していた青木得三は、会の解散後も、ひとり民間で意欲を燃やし、記録、証言

を集めた。そして『太平洋戦争前史』全六巻（一九五〇―二）を著した。戦争調査会の資料に語らしめた歴史、敗戦の原因に、今こそ注目しなくてはならない。

（朝日新聞　2018年1月21日）

NHK取材班、北博昭

『戦場の軍法会議　日本兵はなぜ処刑されたのか』

NHK出版　2013年5月

昭和史、とくに太平洋戦争の内実を継承するのに、NHKのディレクターが果たす役割は大きい。これまでも中田整一（一九四一―）や片島紀男（一九四〇―）が資料を発掘し、新たな視点を提示してきたし、彼らは定年退局後も関連書を著している。

本書もその系譜に連なると言えるが、陸海軍内部の軍法会議のからくり、戦争と司法のあり方を、たとえば死刑宣告を受け処刑された上等機関兵や法務官の関係者を丹念に訪ね歩き、裏づけを取って問うており、質が高い。放送関係者の筆調は映像的かつ表層的だが、戦争など露ほども知らぬ世代が、一橋大学教授の吉田裕（一九五四―）や近代史研究者の北博昭（一九四二―）の協力、助言、また資料によって、その矛盾に気づいていく姿の描写には説得力がある。

海軍法務官の馬場東作（一九〇九―九四）が残した文書に滲む、「法の正義」が形骸化していた事実。実は、法務官の書類は未だ隠蔽されているケースが多い。小山大祐（一九六八―）ら取材班は、北の保管する資料を土台に「真実」を明かしていくのだが、そこに立ちはだかる国家の論理に驚かされる。悩める法務官の良心が、「法」の名のもとに行われたゲリラ殺害や一般兵士の処刑などの告白につながるのだ。

取材班の一人は書く。無謀な作戦を実行しても責任を取らない軍、その責任を末端の兵士に押しつけることに加担する法務官、「こうした事態を招くことを知りながらも司法と軍の一体化を許してしまった国の横暴」。そのメカニズムは、はたして克服されたのか。敵前逃亡の名目で日本軍に殺害された日本兵たちの、家族や縁者はどのような生き方を強要されたのか。一族が本籍を移すエピソードに暗然とさせられ、軍、延いては国家というものの怖さを思い知らされる。

戦後、戦争責任を問うた裁判で、司法は常に受忍論を国民に説いてきた。その裁判官には元法務官が多く、しかも彼らが戦後の司法界の中枢にいたという事実の指摘は重い。

（朝日新聞　2013年8月4日）

熊野以素

『九州大学生体解剖事件　七〇年目の真実』

岩波書店　2015年4月

九州大学生体解剖事件は、戦時下にアメリカ軍捕虜八人を生きたまま解剖した非人道的所業で、医学の原点を問う犯罪行為だった。遠藤周作（一九二三―九六）の小説『海と毒薬』（一九五七）や熊井啓（一九三〇―二〇〇七）監督の同名映画（一九八六）、またノンフィクション作品などもあったが、本書は関係医師の縁者が事件の本質をあらためて問うた記録である。

大阪府豊中市議会議員の熊野以素（いそ）（一九四四―）はこの事件を「西部軍と九大医学部の共同行為としての生体実験」と断じ、軍の捕虜虐殺の一環だったと結論する。結論に至るまでの調査や史料収集、さらに、同大医学部第一外科助教授だった伯父の鳥巣太郎（一九〇七―九三）に寄り添う視点は説得力を持つ。

軍は捕虜を「処置」するよう同大関係者に伝えていた。大学側は「医学の進歩」のためと称し、軍国主義を信奉する教授の主導で、数回にわたり実験手術を行った。

狂気の時代の歪んだ人間像を追い、その論理に振り回された医師の弱さを本書は描いている。戦犯裁判の内実を通して、煩悶の果てに思い至った元助教授の「医の倫理」が示されている。

（朝日新聞　2015年7月5日）

永井均
『フィリピンBC級戦犯裁判』
講談社選書メチエ　2013年4月

フィリピンにおける戦争犯罪人の裁判に関する先行研究はほとんどない。本書はその嚆矢と言えよう。日本近現代史の永井均（ひとし）（一九六五―）は、占領者としての、あるいは、裁かれた者としての日本軍、日本人の実態、フィリピン側の対応など、細部まで克明に調査し、記述している。

太平洋戦争下、日本軍は三年余、フィリピンを占領、支配した。戦後、フィリピンのあるメディアは「集団拷問や集団処刑、略奪、焼き払い、強姦を経験した後には、フィリピン人は日本人をもはや人間と見ることをやめ、殺すべき相手（略）として見るようになった」と書いた。このような空気のなか、フィリピン政府はアメリカからの独立後、ＢＣ級戦犯裁判を行った。

マニラの軍事法廷で二年半、七十三件、百五十一人の被告が、非人道的行為の罪で裁かれた。国民が日本に対する憎悪を募らせるなか、法の権威を守ろうとしたフィリピン人弁護人もいた。また、日本軍に妻子や親族を惨殺されたエルピディオ・キリノ（一八九〇―一九五六）大統領が、一九五三年（昭和二十八）に恩赦を決めた心中なども細やかに記している。著者の筆調には歴史を学ぶ者の原点が見える。

（朝日新聞　2013年6月9日）

戸谷由麻
『不確かな正義　BC級戦犯裁判の軌跡』
岩波書店　2015年6月

アメリカ、イギリス、オーストラリア、フィリピンなど各国のＢＣ級戦犯裁判の資料を精読、見解をまず英書で刊行、さらに日本語訳して世に問うたのが本書である。太平洋戦争下の日本軍将兵が法を守らず、責任を回避した実態を各国がどう捉え、その非人道性をいかに裁いたかが理解できる。

ハワイ大学歴史学部教授の戸谷由麻ははじめに「指令統制責任論」を規定する。つまり、戦時下の個人の責任の問い方をめぐる論議だが、訳語が適切か否かも読者に提起している。そして、各国合わせて特別法廷の設置場所が五十一、審理が行われたのが二千二百四十四件、裁かれた容疑者が五千七百人というBC級戦犯裁判について、研究者によく引用される山下奉文（一八八五―一九四六）や本間雅晴（一八八七―一九四六）、やはり捕虜虐待を問われた俘虜情報局長官の田村浩（一八九四―一九六二）など、高級指揮官のケースを個別に分析していく。たとえば、フィリピン侵攻作戦で数多の犠牲者を出した「バターン死の行進」（一九四二）などの罪科で裁かれた本間は、自ら証言台に立ち、「捕虜取扱いが行き届かなかった責任は、自分ではなく日本政府にある」と弁明しているのだが、確かに、捕虜処遇の改善を何度も中央に要請していたことがわかる。

　また、日本軍の「上官・部下」の実体について、法律とはかなりの差があったことも著者は指摘している。上官による部下への責任転嫁はもちろんだが、権力が形骸化し、上官が事態を抑えきれないケースもあった。

　開戦後、日本は連合国側から、調印はしたが批准はしていなかったジュネーブ捕虜条約の遵守について照会を受けた。結局、拘束受けざるも準用する、と回答したのだが、実際には守っていない。首相の東條英機（一八八四―一九四八）の頑な態度などが「捕虜虐待の恒常化に一因」したとの指摘は重要である。

　アメリカ側から裁判を引き継いだフィリピン政府は、山下、本間と同じ「比島方面の日本帝国軍総司令官」だった黒田重徳（一八八七―一九五四）を裁くが、「法の支配や公明正大の理想をより納得のいく形で実現した」との分析は鋭い。あらためてアジアにおける日本の戦争責任を自覚させられる。

（朝日新聞　2015年8月16日）

野嶋剛
『ラスト・バタリオン　蔣介石と日本軍人たち』
講談社　2014年4月

当然だが、歴史には裏表がある。年表には記されない、屈折した人間の息吹がある。この陰の部分を読者に提示した朝日新聞記者、野嶋剛（一九六八—）の取材力に、まずは感嘆すべきだろう。

日中戦争で侵略した側の日本軍が、敗戦後、密かに「その技術と体験」を、国民党総帥の蔣介石（一八八七—一九七五）に求められる。蔣介石の国民党は中国共産党との内戦の最中にあり、これに勝利しなくてはならなかった。蔣介石と支那派遣軍総司令官だった岡村寧次（一八八四—一九六六）の密約、駆け引きが、丁寧に明かされていく。とくに戦犯裁判で岡村を無罪としたプロセスは興味深い。無罪の理由を中国側の弁護士の優秀さに結びつけた、のちの岡村の「とぼけぶり」などは鋭い指摘だ。

岡村の指揮下、旧日本軍の中堅、高級将校らが国民党を支援するため、密かに内戦下の重慶へ送られる。敗戦で解体された日本軍の生き残りの「最後の部隊」として、「白団」を名のった彼らが果たした役割とは何か。多くの資料や証言が提示されている。蔣介石の「日記」を引用しながら、日本軍に対するその感情を分析している。白団を政治的に使いこなそうとしたその思惑を、歴史に刻み込んでいる。

白団に関わった旧日本軍の将校らは、蔣介石の台湾への撤退に同行した。台湾では、模範的な師団を創設するための教官役も果たした。白団の日本人将校らの日記、証言には日中戦争の陰の部分が感じられ、驚かされる。また、戦後社会でＧＨＱに取り入り、日本再軍備のための情報工作を担った元陸軍大佐服部卓四郎（一九〇一—六〇）を中心とする「服部機関」が、巧妙に白団に近づいていたことなど、知られざる事実も記されている。このような日本軍人の無責任さは、さらに徹底して掘り下げるべき課題だろう。

（朝日新聞　２０１４年６月29日）

大澤武司
『毛沢東の対日戦犯裁判　中国共産党の思惑と１５２６名の日本人』
中公新書　２０１６年11月

中国における第二次世界大戦終結後の日本人戦犯に

は、いくつかのタイプがある。そのうちソ連から移された九百六十九名（撫順組）と、中国国内の「罪行重大」逮捕者の百三十六名（太原組）を取り上げ、裁判の実態を分析した書である。昭和四十八年（一九七三）生まれの著者、中国近現代史、日中関係史の大澤武司は、中国側の文書も精読し、この裁判の歴史的意味を記録している。

当初は戦犯か捕虜かで抵抗した収容者、親兄弟を日本軍に斬殺された看守、双方の険悪な関係も、中国側指導者の「寛大」な処理命令で変化していく。説得、教育により日本人戦犯の認罪と告白が始まる。一尉官の「私は人間の皮をかぶった鬼」という告白を機に、以後、戦犯の多くは「鬼」から「人」になっていった。そうした描写には、歴史に対する次代の確かな姿勢が窺える。

一方で、法廷における減刑から釈放への処理には、毛沢東（一八九三―一九七六）ら指導者の戦略があったと、著者は見ている。また、日本に帰国した元戦犯らの対中和解史への目配りも忘れていない。満州国の設立や日中戦争に関与した千五百二十六名の日本人戦犯は、思想改造を経て、裁判では極めて寛大な判決が下された。新史料を渉猟し、その寛大な判決の裏側に迫った一冊である。

（朝日新聞　2017年1月29日）

早瀬晋三
『グローバル化する靖国問題　東南アジアからの問い』
岩波現代全書　2018年3月

昭和六十年（一九八五）の中曽根康弘（一九一八―二〇一九）首相による靖国神社参拝を問題の起点と捉え、以後の首相参拝を東南アジア諸国連合（ASEAN）の十カ国がどう見てきたか、各国の英字新聞を参考に分析を試みた書である。多くが太平洋戦争下、日本軍の侵略を受けた地域だ。東南アジア日本関係史の早瀬晋三（一九五五―）は、靖国問題が慰安婦問題や領土問題などとも連動しながら、東アジア全域の歴史問題に変容していく過程を、東南アジア各国の報道における論調の変遷を辿りながら検証した。

中国と韓国の反発に同調するか、距離を置くか。東南アジアの国々にとって日本は最大の「経済援助供与国」であった。小泉純一郎（一九四二―）首相の時代には表立った抗議はしていないが、中国の経済大国化とともに変化が生じた。尖閣諸島の領有権問題をめぐる日中の対立を目の当たりにし、第三者の視点から、地域の危機と捉える当事者の視点へと変わったのである。

平成二十五年（二〇一三）の安倍晋三（一九五四―）首相の参拝には、中韓だけではなく、アメリカ、イギリス、またEUやASEANの各国からも批判が出た。たとえばタイの新聞は、近隣諸国の気持ちを害さずに戦死者を敬う方法を見つけよと説いた。日本では中韓の批判しか語られないが、首相による靖国神社参拝への、東南アジアの国々の静かな怒りを理解する必要がある。

（朝日新聞　2018年6月9日）

XI章 ……占領

山本武利

『GHQの検閲・諜報・宣伝工作』

岩波現代全書　2013年7月

GHQは日本占領終結後に、プレス政策をどう進めたかの報告書をまとめている。タイトルは「プレスの自由」で、本書の著者、メディア史の山本武利（一九四〇—）によれば、ダグラス・マッカーサー（一八八〇—一九六四）ら指導部は「メディアの自由の浸透に貢献した功績を強調している」。しかし、検閲や自由を抑圧したことの具体例については、記述が極端に少ないという。

日本占領期、GHQの言論弾圧がいかに行われたか、その巧みさをアメリカの各種機関より収集した記録で白日のもとに曝している。著者はこの研究の第一人者で、GHQによる言論弾圧の実際が解き明かされると、大日本帝国型とは異なる、総合的なシステムが用いられていたことがわかる。

たとえば検閲の実務には、多数の日本人が動員された。検閲者は四年余で約二万五千人にまで及んだという。検閲者の実態については、彼らの良心の呵責もあり、戦後社会ではほとんど公開されていない。著者は、そのような検閲者の生の声も紹介している。豊かな生活の保障と引き換えに、誰もが同胞を売るが如き屈辱に耐えたとの証言は貴重だ。

アメリカの情報統制は、日本社会における軍国主義の復活と共産主義の浸透を阻止するためのものだったが、目的はすぐに達せられたとも言える。なぜなら当時の日本国民は、GHQが鼓吹した「民主主義」をすぐに受け入れたからだ。

GHQの言論弾圧は、日本国民には不可視のシステムだった。当初の事前検閲より、のちにややゆるやかになる事後検閲に、新聞や雑誌が逆に不安を抱いたという日本側の体質もあった。言論弾圧は、政治的システムの欠損より、民衆の精神面に打撃を与える。GHQの用いた手法が、日本人捕虜の意識調査を基に確立されたとの記述は衝撃だ。

（朝日新聞　2013年9月15日）

阿辻哲次
『戦後日本漢字史』
新潮選書　２０１０年11月

戦後、アメリカから来た教育使節団は、時間がかかるうえに封建制を押しつけるものとして漢字習得の廃止を訴え、ローマ字の使用を促した。対して日本の国語学者は、全国テストを行って識字率の高さを証明し、抵抗した。日本国内にもローマ字論者はいたが、アメリカ側の強要は受け入れなかった。

パソコンのキーボードなどによる入力、変換も含め、言語学者の阿辻哲次（一九五一―）は漢字の戦後史を辛辣な筆で俯瞰する。戦後の漢字改革については、たとえば千八百五十の当用漢字の制定などに批判を浴びせる。千年余の歴史があり、今なお東アジアで用いられる漢字を、現代的視座だけで「当用」などと決めつけていいのかと。

当用漢字字体表では、「申」と組み合わせて「神」となる「示」つまり「ネ」（しめすへん）が、衣服の意の「衤」（ころもへん）と似て区別がつきにくくなった。旧字を新字にすることで意味は死んだ。また「巳」と「已」を例に「巳(み)は上に、己(おのれ)己(つちのと)下につき、半ば開くれば已(すで)に已(や)む已(のみ)」と区別することを教えられた別字の意味も、近年は曖昧になった。漢字は精神文化だと、著者とともに叫びたい。

（朝日新聞　２０１１年1月30日）

秋尾沙戸子
『ワシントンハイツ　ＧＨＱが東京に刻んだ戦後』
新潮社　２００９年7月

今では想像もつかないが、東京の代々木公園、国立代々木競技場、ＮＨＫなどの一帯には、かつてワシントンハイツと称した、日本人立入禁止区域があった。敷地面積は「二七七、〇〇〇坪」（『都政十年史』）、つまり九十一万五千七百平方メートルはあり、住宅、病院、学校、劇場、教会、商店街、さらには変電所まで有していた。アメリカの将校とその家族が住む巨大な街で、言わば「日本の中のアメリカ」だった。

太平洋戦争に敗れた日本がGHQに占領されて二年、昭和二十二年（一九四七）九月にワシントンハイツは完成した。そして昭和三十九年（一九六四）に日本に返還され、東京オリンピックの選手村として使われた。翌昭和四十年に解体され、ほぼ現在の姿となった。著者の秋尾沙戸子（一九五七―）はこのワシントンハイツの歴史に向き合い、住民だったアメリカ人の家族やその二世、また彼らと交流した日本人に話を聞き、本書を多角的にまとめている。「地理的空間」を軸に「歴史的時間」を交錯させ、生活や文化の交流にも目を配った、異色のノンフィクションと言えようか。

戦前は代々木練兵場であり、日本陸軍の中心地でもあった。二・二六事件の青年将校たちの処刑地でもあった。敗戦時には国家主義団体大東塾の青年らも自決した。つまり極めて日本的な空間だったわけだが、そこにあえてアメリカンデモクラシーの旗を立てる意図もあったという。著者はアメリカ側の意図を見抜き、戦後を象徴する時空の変貌を追っている。

登場人物の多様さにも驚かされる。とくに日本国憲法の草案作成に加わった将校「M・エスマン氏」の証言は興味深い。彼から、占領政策の転換期におけるアメリカ側の再軍備要請に、日本人が新憲法を盾に抵抗したことや、国民が軍閥を恐れていたことなど、新しい証言を引き出している点は特筆に値する。このような新証言が随所に見られ、また、戦前の日本社会に民主主義の芽があったことなどもわかる。

本書の魅力は後半部の分析にある。国際派ジャーナリストとして長年培った取材力に基づく歴史観、日本人論、アメリカ論には、次代への先見性も窺える。

（朝日新聞　２００９年10月４日）

伊部正之
『松川裁判から、いま何を学ぶか　戦後最大の冤罪事件の全容』
岩波書店　２００９年10月

昭和二十四年（一九四九）八月十七日に起きた、東北本線松川駅付近での列車転覆事件。いわゆる松川事件の教訓を次代へ語り継ぐために、福島大学に設けられた資料室の主軸メンバー、伊部正之（一九四二―）の書だ。

あらためて驚かされるのは、事件の謀略性だ。現在の福島市松川町にある旧国鉄の松川駅と金谷川駅の間で、「人為的な線路破壊」により列車が転覆、三人の乗務員が死亡した。折から国鉄の人員整理が進んでおり、吉田茂（一八七八―一九六七）内閣は何ら根拠も示さず、労働組合員の仕業と決めつけた。十九歳の元職員が偽りの自白を強要され、これに基づき二十人の国鉄、東芝の労組員が逮捕された。法廷もまた捜査当局の辻褄合わせに追随するのみで、最高裁の無罪判決まで十四年の歳月を要した。

事件の背景を多角的に分析した著者の、「まれに見る権力犯罪」との指弾、結論は納得できる。支援に立ち上がった広津和郎（一八九一―一九六八）ら文化人、また市民の層の厚さに感動する。著者の言う「松川学」は、占領期の権力の不透明さや冤罪の構図を解明する学問として、自立させるべきだ。

（朝日新聞　2009年12月13日）

吉田敏浩
『密約　日米地位協定と米兵犯罪』
毎日新聞社　2010年3月

最終頁を閉じてすぐに、「密室・隠蔽の戦後史」という言葉が思い浮かんだ。はたして日本は、真の独立国なのかという呟きも洩れた。

密約と言えば六〇年安保時や、昭和四十七年（一九七二）の沖縄返還時の核の持ち込みなどを指すことが多いが、日米間にはほかにも重大な密約があると、ジャーナリストの吉田敏浩（一九五七―）は言う。つまり「日米地位協定に関する密約群」で、この「群」の解剖を進めたのが本書だ。

駐留するアメリカ兵の犯罪について、「日本にとって著しく重要と考えられる事件以外は第一次裁判権を行使しない」との密約は、昭和二十八年（一九五三）の日米行政協定（現地位協定）第十七条の改定交渉にあたった吉田茂（一八七八―一九六七）内閣以来続いてきたという。そのからくりを国民に提示するというのが、著者の姿勢だ。外務省・法務省がこの密約をどのように隠しつづけたか。アメリカ軍関係者の刑事事件を特別扱いするという一連の「法務省秘密実務資料」をめぐる記述には、あらためて驚かされる。国会図書館で自由に読めたものが、平成二十年（二〇〇八）に突然、閲覧禁止になったという。この資料をはじめ日本側の解説文書は、アメリカ側のものとは異なり、巧みにつぎはぎされたもので、その経緯についても著者は明かしている。

「著しく重要と考えられる事件以外」は、第一次裁判権の行使不行使を一定期間に通告しなければ、事実上これを放棄したことになる。交通事故、殺人、レイプなどの被害者はその密約のために不当な立場に置かれ、悔し涙を流してきた。

一方、アメリカ軍は、自らの兵の犯罪に対しては極めて甘い判決しか下さない。軍法会議にかけられる例も少なく、大半は「裁きを逃れていた」。この事実を日本の司法当局も正確に摑もうとせず、軍事優先が隠れ蓑となっている。

条約の矛盾や密約の政治力学などに正面から挑んでいる本書には生硬な表現も目立つ。しかし、著者の記した一字一句が、私たちの時代の歴史感覚を問うていると思えば、必読の書と言うべきだ。

（朝日新聞　２０１０年５月30日）

ウィリアム・S・アンダーソン
『ビル・アンダーソンの昭和史　日本軍の捕虜から世界企業NCRのトップへ』
森山尚美訳　原書房　２０１２年２月

太平洋戦争下、日本軍の捕虜となっていた元イギリス軍兵士ウィリアム・S・アンダーソン（一九一九―）の自分史だ。戦後はアメリカ発祥の総合情報システム企業NCR（National Cash Register）社のビジネスマンとなった。二十世紀後半のある時期まで同社の経営にあたり、いくつかの斬新な企業内システムを確立した人物として知られている。したがって、上記いずれかに関心を持つ者に向く書とも言える。

中国の漢口、香港で育ち、教育を受けたイギリス人で、開戦直後、昭和十六年（一九四一）の香港作戦の折、日本軍に降伏した。本書の三分の一は、捕虜としての屈辱、飢餓、強制労働、暴力への怒りの記述だ。香港、名古屋、富山と回され、時に顔が血だらけになるまで棍棒で殴打する元軍人にも出会うが、密かに優しさを示す職員もいた。

昭和二十年（一九四五）八月十五日以後、殴打した者は脅え、一方、歓送会を開いてくれる職員もいた。戦後の日本NCR会長時には、日本人の多様な表情にも出会うが、筆調の底に複雑な感情が見え隠れする。そこが辛い。

（朝日新聞　2012年6月10日）

和田春樹
『領土問題をどう解決するか　対立から対話へ』
平凡社新書　2012年10月

著者の和田春樹（一九三八―）が企図したことは三点に絞られる。北方四島、竹島、尖閣諸島の領土問題を解決するには、まず外交交渉を軸とし、互いに軍事力に頼らぬこと。各国と交わした関係文書をあらためて精査し、「固有の領土」とのみ訴える日本の論理に矛盾がないかを確認すること。同時に、相手国の言い分にも謙虚に耳を傾けること。本書には、この三点を土台に据えた主張と結論が提示されている。

著者の専門はロシア・ソ連史と現代朝鮮研究だが、本書の八割が北方四島問題の記述となっている。歴史の経緯、日ソ交渉の細目を丹念に追いつつ、問題解決のための具体策として、当事者たる島民の現状保持、海底資源の調和的利用のプランを示す。

著者は国後、択捉は日本が放棄した「千島列島」に入っていると言うが、択捉を除く三島の引き渡し要求を提案する。竹島領有も主張できないとの論理は、国民的理解にはなりにくいと思うが、このような分析を含む議論の多様さは必要だろう。

（朝日新聞　2012年12月9日）

本田良一
『日ロ現場史 北方領土――終わらない戦後』
北海道新聞社 2013年12月

タイトルの「現場」には二つの意味があると、北海道新聞編集委員の本田良一(一九五九―)が書いている。「一つは北方領土を抱える根室地域、そしてその周辺の海を指す現場、もう一つは領土交渉の現場」だという。つまり「鳥の眼」と「虫の眼」で、北方四島史の全体図を確かめたいということだろう。

北方四島周辺の海域で繰り広げられた日本人漁民とソ連・ロシアの警備隊の駆け引き、加えて日本の警備当局の動きも、第一部、第二部で丹念に追いかけている。ソ連側に情報を提供することで禁漁区での操業を黙認されていた「レポ船」や、漁師とヤクザが協働して密漁を行った「特攻船」の実態は、国家を超えて生き抜く庶民のしたたかさに通じる。東西冷戦下では密漁そのものが情報活動とリンクしていくのだが、新聞記者である著者の筆は、幾人もの証言と体験でこれを証明する。冷戦終結直後の平成二年(一九九〇)には「特攻船壊滅作戦」が始まり、日本側の思惑と絡んだ「境界」漁業は終わる。代わってロシアの密漁船がカニやウニを日本へ運ぶようになる。そしてロシアマフィアが登場し、その内部抗争やロシア警備隊との癒着構造が説明されていく。

また第二部では、貝殻島での日本人漁民によるコンブ漁の動きについても、岸信介(一八六九―一九八七)内閣の通商産業大臣高碕達之助(一八八五―一九六四)らの尽力で締結された民間協定を踏まえて紹介し、国境と人道という視点も浮かび上がらせている。漁業者は領土問題が進展しないことに苛立つが、「理屈を言っても拿捕される」との複雑な心境はまさに「現場史」である。

第三部のサケ、マスの北洋漁業、第四部の対ソ交渉の経緯、第五部の冷戦後の領土交渉についての項では、一転して歴史に翻弄された元島民や漁業者の正直な姿が語られる。たとえば、昭和二十一年(一九四六)七月に初の返還運動団体が根室で発足し、代表五人が四島返還を訴えるために上京、まだ存続していた内務省を訪れる。

「一行はがくぜんとする。事務官が示した地図に4島が記載されていなかった。〔略。彼らは〕あわててわら半紙と絵の具を買って、手製の地図を描いて提出した」

千島列島について、敗戦直後の中央官庁ではまったく認識されておらず、一行は言葉を失った。戦前から用いていた「南千島」という名称を「北方領土」へ変更したのも、真摯に歴史と向き合ってこなかった日本外交の弱さゆえのことかもしれない。

本書には、北方四島に住むロシア人の揺れる心境も描かれている。客観性を尊ぶ著者の指摘は、私たち自身に向けられた問いでもあるのだ。

四島一括返還か、二島先行返還か、あるいは返還などあり得ないのか。領土交渉の停滞については、日本とロシア双方に応分の責任がある。歴史を「国の論理」と「共同体の生活」という視点で捉えることの重要性を教えてくれる好著である。

なお、本書の基になった連載は、二〇一三年度の新聞協会賞を受賞している。

（朝日新聞　2014年3月9日）

XII章……憲法

新井勝紘

『五日市憲法』

岩波新書　2018年4月

私の見立てでは、近代日本の草創期、国家像としては次の四つの選択肢があった。(一)先進帝国主義のあと追い、(二)帝国主義的道義の強化、(三)自由民権思想の育成、(四)幕藩体制を継承した連邦制の採用、ということになるが、十九世紀末葉、明治十年代までは、民権国家の誕生もあり得たと思うほど、これを求める運動の広がりがあった。

日本近現代史の新井勝紘(かつひろ)(一九四四―)は、自由民権運動の広がりのなかで、自主的に憲法の草案をまとめた東京西多摩地域の五日市の人びと、とりわけ条文を書いた千葉卓三郎(一八五二―八三)の軌跡に、自身の研究者としての歩みを絡ませている。大学生だった半世紀前、五日市町の旧家、深沢家の蔵を開けた折、一私人による憲法草案を発見した。それを歴史のなかに位置づけるのが、自身の仕事になったというのだ。

いわゆる五日市憲法は全五篇、国帝、公法、立法権、行政権、司法権という構成で、二百四条にまとめられている。たとえば第一篇「国帝」の第二十二条には「軍隊に号令し、敢て国憲に悖戻(はいれい)する所業を助けしむることを得ず」とある。つまり、憲法に違背する行動を軍隊に起こさせてはならないと、天皇を規定しているのだ。また「立法権」では民選議院について、議員は二十万人に一名、任期は三年、二年ごとに半数を改選すると言っており、民主的だ。

本書によると全国の民権結社の数は、明治七年(一八七四)から同二十三年までの十七年間で二千百二十八を超えた。著者の考えでは、これらの組織が中央政府に対する自由民権運動を支えており、つまり、民権憲法擁護の勢力でもあった。

新憲法の制定は、伊藤博文(一八四一―一九〇九)ら政府の限られたメンバーにより密室で行われた。対して民権憲法は、各地の結社を中心とする各層の公議公論を基に草案が作られた。植木枝盛(えもり)(一八五七―九二)の私擬憲法草案の影響が五日市憲法にも見られ、起草者千葉卓三郎をめぐる数々のエピソードにも明治草創期の躍動が反映しており、著者の分析は興味深い。

もし民権憲法が主流となり、民権国家が成立していれば、以後の昭和史はどうなったかとの思いに駆られる。

（朝日新聞　2018年7月28日）

日高六郎
『私の憲法体験』
筑摩書房　2010年10月

戦後の民主主義をどう創造するか。あるいは「アメリカンデモクラシー」の「アメリカン」をいかに取り除き、原則的な民主主義国家を構築するか。社会学者の日高六郎（一九一七―二〇一八）は、直截にそう訴えているのではないが、現行の憲法を守り、第九条を「きちっと読」んで「判断力をも」ち「行動する」ことを主要な柱と考えている。

「十五年戦争」（一九三一―四五）を記憶に刻み、この歴史を倫理観に結びつけてこそ「第九条の世界的先駆性を語る」資格が得られるとの指摘には、ある世代の強烈な思いが宿っている。逆説的な言い方だが、「第九条を懲罰として受けとる自覚」を前提とするのは至言だ。

著者は戦時下、海軍技術研究所の一員として「所見」を書いた。知的な家庭環境で育まれた考え方に基づくもので、一億玉砕の否定、国策の転換といった内容は、戦後体制に重なると自負している。そして、とくに憲法制定時の占領国アメリカと被占領国日本の相克のなかに、現在の私たちが守護すべき史実があると訴えている。

いかに民主主義国家をつくるか。歴史が忘却される時代に、羅針盤の役を果たそうという信念が、各頁に滲む。

（朝日新聞　2010年11月21日）

鈴木琢磨 編著

『日本国憲法の初心 山本有三の「竹」を読む』

七つ森書館　2013年8月

今こそ山本有三（一八八七―一九七四）を思い起こせと誘っている。作家としては『路傍の石』（一九三七―四〇）などの名作を残す一方、戦後は政治家として参議院に緑風会を結成するなど、その実像は「リベラルで、自由主義者、ヒューマニスト」だった。

敗戦後の昭和二十三年（一九四八）に、山本のラジオ放送、新聞への寄稿、議会での質問などを集めて刊行された『竹』（細川書店）という著作がある。本書はこの『竹』を、毎日新聞編集委員の鈴木琢磨（一九五九―）の編著で刊行したものだ。

口語体論者の山本は、現行憲法の条文化にあたり、草案づくりの事務方に協力した。前文、第一条、第九条などに山本の協力がどの程度生かされたかが示されている。「戦争放棄と日本」のなかで山本は、日本は「真理と自由と平和」を目指す「新しい国家」を築き上げよと言い、若者は「かしらをあげ、胸を張って、信ずる道をドシンドシンと踏みしめて」進めと励ましている。「山本有三」の不屈の精神が今こそ望まれる時だ。

（朝日新聞　2013年10月6日）

品川正治

『戦後歴程 平和憲法を持つ国の経済人として』

岩波書店　2013年9月

著者の品川正治（一九二四―二〇一三）は陸軍歩兵二等兵として、中国で終戦を迎えた。抑留を経て乗り込んだ翌昭和二十一年（一九四六）の復員船で、日本国憲法の草案を伝えるよれよれの新聞を見た。「はっきりと、二度と戦争はしない、と書いてある。武力を持たないと宣言している。私たちはみな、泣いた」

「9条」は亡き戦友たちへの何よりの手向けとなり、

著者の原点となった。そして「傷つけたアジアの人々への贖罪」が始まったという。本書はこの体験を軸に、戦時下および戦後の生き方を丁寧に綴った自伝風の読み物であり、「9条死守の覚悟」を示すことで、次代の者に昭和の戦争を忘れるなと訴えている。

著者は旧制三高時代、友人の非戦言動の責を負って学園を離れ、自ら陸軍に志願した。中国での戦場体験も語られるが、筋の通った生き方は、戦後、入社した日本火災（現損保ジャパン）での組合活動でも、また管理職や社長に就任しても貫かれた。常に「平和憲法」が意識され、日本を真の独立国たらしめよと訴えつづけた。いかなる締めつけに遭っても恐れなかった。

日本を真の独立国たらしめよとの発言だけなら、一個人の記録に堕してしまうのだが、経営者の一人として体制内にあっても初志貫徹にこだわり、強い使命感を持ちつづけた姿は、普遍性を帯びる。セーフティーネットの徹底こそ損保会社の役割との経営哲学や、家庭生活を満たす妻子への愛情も、こうした使命感によって培われた。「9条死守」は精神の錬磨に通じ、真の常識人になることだとの教えには、歴史や政治とのバランスのとり方も示唆されており、新たな発見がある。

先々代社長右近保太郎（一九一四―九七）の言「沖縄の人たちは日本で一番幸せにならなければならない」を信条とし、基地が撤廃されてこそ真の「憲法9条を持つ日本」になるとの思いは、刊行直前に死去した著者の、この国への遺言と解すべきだろう。

（朝日新聞　2013年11月10日）

原彬久
『戦後政治の証言者たち　オーラル・ヒストリーを往く』
河野洋平
『日本外交への直言　回想と提言』
ともに岩波書店　2015年8月

政治学者の原彬久（一九三九―）は、指導層のオーラル・ヒストリー（口述史）を研究に持ち込んだ先駆だ。当事者の語る「新しい事実」から、既知の景色とは異なる重層的な史実が明らかになると説いている。主に「六〇年安保」時の政治家、外務官僚らの生の証言を紹介しているが、確かに当事者の言動に秘められた思惑は興味深い。オーラル・ヒストリーには「歴史を主体的に再構築」し「「歴史の鼓動」を伝える」役割もあると言っているが、首肯できる。

たとえば、元首相岸信介（一八六九―一九八七）への二十数回のインタビューでは、対米開戦の信念や冷戦下の「反共」が語られており、アメリカと対等になるには憲法改正以外ないとの考えに行き着く政治家の心理がわかる。また、病による辞任で短命に終わった石橋湛山（一八八四―一九七三）内閣での外相入閣が幸いしたとの背景分析も興味深い。田中角栄（一九一八―九三）には「器」がないと、首相就任に反対だった思いを聞き出せたのは、著者の手法によるところが大きい。三木武夫（一九〇七―八八）との対立感情が、政治を動かすバネになっていたという意外性にも気づかされる。「六〇年安保」時の、岸の秘書中村長芳（ながよし）（一九二四―二〇〇七）と総評事務局長岩井章（あきら）（一九二二―九七）の裏工作など、妙に人間味が浮かぶ語りもある。

一方、河野洋平（一九三七―）の書は政治生活の回想記で、リベラルな党人が昭和、平成の時代にどう行動したかを綴っている。原の書とは直接の関わりはないが、国家主義、タカ派的傾向への注視の必要を教えられる。首相だった村山富市（一九二四―）が平成七年（一九九五）八月十五日に「戦後50周年の終戦記念日にあたって」と題された談話を発表した時の副総理兼外相であり、この村山談話について、戦後七十年を迎えてなお重みを増したと評価しており、納得できる。積極的平和主義とは非核三原則、武器禁輸原則、憲法九条の遵守ではないかとの指摘は、原の書で描かれた岸の国家主義政策にみごとに対峙する。

（朝日新聞　2015年11月8日）

上丸洋一、朝日新聞取材班
『新聞と憲法9条　「自衛」という難題』
朝日新聞出版　2016年2月

日本国憲法施行の草創期を五年ごと三つのステージ

に分け、各時代で第九条がどのような辛酸を舐めたかを丹念に追っている。憲法九条が激流をいかに泳いできたかを確かめた書と言えよう。

三つのステージにはそれぞれ主題がある。第一では制定、公布（一九四六）前後の日米間の思惑が語られる。第二では朝鮮戦争（一九五〇―三）の折に被った波を踏まえ、中曽根康弘（一九一八―二〇一九）作詞の「憲法改正の歌」（一九五六）などを紹介しつつ当時の復古主義が語られる。第三では、アメリカ軍立川基地拡張の反対運動をめぐる砂川事件（一九五五―七）に無罪判決（一九五九）を下した伊達秋雄（一九〇九―九四）裁判長を軸とする司法の解釈が吟味される。なお、伊達判決は同年に最高裁で破棄、差し戻されている。いずれのステージの記述でも新聞の論調や世論調査の結果が語られるが、国民感情は次第に九条容認へと落ち着いていく。

時折挟まれる安倍晋三（一九五四―）首相や与党幹部の言は、日本国憲法の歴史や精神、とくに九条を守り抜いた国民を罵倒しているかのような印象を受ける。しかし、九条は強か（したた）であり、歴史的耐用性があると、朝日新聞編集委員の上丸（じょうまる）洋一（一九五五―）は説いている。

（朝日新聞　2016年5月1日）

半田滋
『日本は戦争をするのか――集団的自衛権と自衛隊』
岩波新書　2014年5月

今、戦後民主主義のシステム、理念、法体系が音を立てて崩れている。本書を一読しての率直な感想だ。一内閣の単なる政治改革などではない。「歴代の自民党政権の憲法解釈を否定し、独自のトンデモ解釈を閣議決定する行為は立憲主義の否定であり、法治国家の放棄宣言に等しい。『首相によるクーデター』と呼ぶほかない」との著者、東京新聞論説兼編集委員の半田滋（一九五五―）の指摘は、歴史的警告だ。

本書は安倍晋三（一九五四―）首相の言動を丹念に追い、その不安定かつ不気味な錯誤を挙証していく。最も象徴的なのが、平成二十六年（二〇一四）年二月十二日の衆院予算委員会における発言だ。解釈変更だけで集団的自衛権の行使を容認できるのかと、内閣法制局次長へ問うた野党議員に対し、安倍首相が「最高の責任者は私」であり、選挙で審判を受けるのは内閣法制局長官ではないと答えた。つまり「国会で憲法解釈を示すのは法制局長官ではなく、首相である私だ。自民党が選挙で勝てば、その憲法解釈は受け入れられたことになる」と言ったのだと著者は解釈する。そして、ルイ十四世（一六三八―一七一五）の「朕は国家なり」という発言の傲慢さに重ねる。安倍首相の錯誤は、まさに戦後史に対する真っ向からの挑戦と言えよう。

　安倍首相は集団的自衛権の行使を容認することで、アメリカとの「血の同盟」の締結を画策したわけだが、日本を再び、敗戦以前の軍事主導体制に戻すことを企図していたのか。自衛隊幹部が著者に語った「勇ましいことをいう政治家やマスコミは、シビリアンコントロールの自覚をしっかり持ってもらいたい」との言に、この国の歪みが見える。

（朝日新聞　2014年6月22日）

XIII章　……メディア

奥武則『ジョン・レディ・ブラック　近代日本ジャーナリズムの先駆者』
岩波書店　2014年10月

読み進むうち、イギリス人ジョン・レディ・ブラック（一八二六―八〇）の生き方への強い共感が湧いてきた。日本のジャーナリズム史の研究者なら知るこの新聞人の名は、一般にはほとんど知られていない。明治期のジャーナリズムの先達たちが、日本語新聞を創刊したブラックを草分けの一人に加えていたことで、元毎日新聞論説委員の奥武則（一九四七―）も関心を抱いたという。

ブラックはスコットランドの地域社会では名門の家に生まれた。学校教育を受け、オーストラリアへ渡り、実業家として成功するが、やがて歌手へ転じ、インド、上海などを巡って、長崎に辿り着く。そんなエネルギーに目をつけた、近代日本の新聞事業に名を残すイギリス人経営者が、ブラックを引き抜いた。

ブラックには編集の才能があったのか、いくつかの新聞を手伝ったのち、英字紙「ジャパン・ヘラルド」の主筆となり、日本の政治、外交を論じた。「攘夷（じょうい）」は西欧人を「夷狄（いてき）」と蔑（さげす）み、尊厳を傷つける思想だと訴え、イギリス、アメリカ、フランス、オランダの四国艦隊が長州藩の砲台を攻撃した下関戦争（一八六四）についての論陣を張った。また「日本はいまや歴史の新しい時代に入った」と書いた社説などで、幕府擁護論も展開した。

明治五年（一八七二）には日本語の「日新真事誌」を創刊、日本人による新聞とは一線を画し、高級紙を目指した。さらに「ファー・イースト」でフォト・ジャーナリズムにも手を広げ、写真で日本社会を報じる役割を果たした。日本を故郷イギリスと同じ文明国にするとの思いも、ブラックにはあったという。しかし、明治政府が新聞の規制、弾圧に乗り出し、ブラックは陰謀まがいのやり方でその立場を追われる。

著者はイギリスでの研究生活のなか、ブラック関連の資料を蒐集し、出身地を訪ねるなどして、執筆を進めた。無念の思いで永眠した一新聞人の息づかいが、頁をめくるごとに感じられる。

（朝日新聞　2015年1月18日）

片山慶隆『日露戦争と新聞 「世界の中の日本」をどう論じたか』

講談社選書メチエ　2009年11月

私が小学校に入学した昭和二十一年（一九四六）には、まだ子供らが「スズメ・メジロ・ロシヤ・ヤバンコク・クロパトキン」といった手まり唄を口ずさんでいた。この唄の源流は、日露戦争（一九〇四—五）の開始前後から一部の新聞が報じたロシア観にある。本書によれば、徳富蘇峰（一八六三—一九五七）の「国民新聞」は「露国の暴慢にして悪虐なる行動は、文明国民の等しく憤る所なり」と論じていたというし、日本政治外交史の片山慶隆（よしたか）（一九七五—）も、「ロシアに対しては、文明国である他の列強も怒っているとして、日本の戦争を正当化した」と、当時のメディアの姿勢について記している。

　開戦論をめぐっては、萬朝報（よろずちょうほう）、二六新報、時事新報、毎日新聞、東京朝日新聞など、折から勃興期にあった各紙が、まさに百家争鳴の様相を呈している。勢いのあった即時開戦論だけではなく、国際社会や人類史などを踏まえた国益論、文明論、植民地論、そして非戦論まで実に多様な意見が交わされ、著者は「新聞の黄金期」と見ている。明治三十五年（一九〇二）の日英同盟から説き起こされているが、全体的な俯瞰図を正確に押さえているので理解は容易だ。

　著者は一つ一つ地歩を固めながら筆を進めている。各紙の論点を踏まえ、確認を繰り返すという、研究者としての正攻法にこだわっている。ゆえに数多くの示唆を受けるのだが、半面、メディア史で見た日露戦争なのか、日露戦争を軸にメディアのあり方を問うたのか、方向性が不透明でもある。

　ロシアが満州からの撤兵を守らないことに苛立ち、各紙が一気に開戦の主張へと傾く状況も語られている。各紙が開戦を主張するまで、論点をどうずらしていったかもよくわかるし、「露探」つまりロシアの軍事スパイの騒動をめぐる二六新報と萬朝報の闘いについても説明されている。「内なる敵」をつくって国論をまとめたという指摘などは、読者がより詳しく知りたいところだろう。

　著者は従来の歴史観を変えたいと随所に記している。

「メディア史を見直すことで、歴史観の変革につなげることができる」との結論は、次作を期待させる。

（朝日新聞　2010年1月17日）

松村正義『日露戦争と日本在外公館の〝外国新聞操縦〟』

成文社　2010年12月

「外国新聞操縦」という耳慣れない言葉は、明治期の外務省の「対外宣伝活動に関する用語」とある。本書は、日露戦争下（一九〇四―五）の外務省が、世界各国の在外公館にどのような世論工作を命じたか、大使や公使がどのような報告をしたかを分析し、「外国新聞操縦」の内実に迫ったものである。元外交官の松村正義（一九二八―）は日露戦争研究の第一人者で、残された膨大な史料を読みこなしており、視野が広く、かつ訴求力がある。読後感としては、以下のような二つの発見と三つの驚きがあった。

発見の一つは、当時の人材の層の厚さである。もう一つは、彼らの時代感覚の鋭敏さである。外相の小村寿太郎（一八五五―一九一一）を軸に、イギリスの林董（一八五〇―一九一三）や知英派の末松謙澄（一八五五―一九二〇）、フランスの本野一郎（一八六二―一九一八）、アメリカの高平小五郎（一八五四―一九二六）、派遣特使の金子堅太郎（一八五三―一九四二）らが、和平を望みつつ、ロシアの横暴さが軍事行動を採らしめた理由だと、積極的に各国世論へ訴えた。オーストリア・ハンガリー帝国駐在の公使牧野伸顕（一八六一―一九四九）などは黄禍論の拡大を懸念し、これを抑えるためにハンガリーの学者に反黄禍論をドイツ語で執筆させ、書にして各界へ配布した。強い使命感を持ち、困難をはね返した彼らの時代感覚が、日本に対する好印象につながった。

三つの驚きとしては、親日世論醸成のための新聞社支援、買収を厭わなかったことがまず挙げられる。オーストリア公使館では千六百万円を使った。二つめの驚きは、旅順陥落など戦況の推移に伴い、各国世論も微妙に変化したことである。親ロシアだったフランスの新聞の論調が好例であろう。三つめの驚きは、小国日本の大国ロシアへの挑戦が、世界の人びとに好意的に見られていたことである。スペインでは義勇兵への志願や食料品援助の申し出があった。

日露戦争下の広報外交は大局において成功したが、この成功体験の上辺だけ見て、「領土拡大への侵略戦争」を遂行した昭和という時代からは、先達の謙虚さも鋭敏さも失われていた。傲岸不遜で謀略を重視した昭和の戦争に対する著者の見解には、納得させられる。

（朝日新聞　2011年2月27日）

日向康三郎
『北京・山本照像館　西太后写真と日本人写真師』
雄山閣　2015年9月

近代日本の草創期、一人の写真師はいかに生きたか。安政二年（一八五五）に現在の岡山県で生まれた山本讃七郎は、十三歳で湿板写真を知る。十六歳で上京、技術を学び、二十八歳で東京芝に写真館を開業した。昭和十八年（一九四三）に東京吉祥寺で没している。

郷土史家の日向康三郎（一九四三—）は、山本の足跡を追いながら、写真師たちの生態や時代背景にも迫る。

山本は才ある人物だったようで、写真師としては相応の有力者となっていく。中国の北京では近代史にふれる仕事をし、明治三十四年（一九〇一）には当地で写真館「山本照像館」を開いた。

たとえば、義和団の籠城義勇隊の日本人を撮った写真などは確かに貴重である。西太后（一八三五—一九〇八）を正面から撮った有名な肖像は、中国人によるものとも言われているが、山本の写真だと著者は論証を試みている。

著者自身の取材ノートなども明かされており、読者がどう読むか、興味深い記述が続く。

（朝日新聞　2015年11月29日）

田中英夫

『洛陽堂　河本亀之助小伝　損をしてでも良書を出す・ある出版人の生涯』

燃焼社　2015年10月

明治四十二年（一九〇九）に出版社洛陽堂を興した河本亀之助（一八六七―一九二〇）の業績を丹念に辿り、その人物像を克明に浮き上がらせている。

河本は故郷の広島で小学校の助教を務め、キリスト教への関心を深めた。数え二十五歳で上京、国光社印刷に入った。同社の出版部で明治三十五年（一九〇二）に宮崎滔天（一八七一―一九二二）の『三十三年之夢』や、安田直の『西郷従道』などを刊行、さらに平民社の「平民新聞」の印刷も担い、官憲の干渉、弾圧を肌で知ることになる。

洛陽堂を興すと、才能ある人物を世に送り出すことを信条に、出版活動を続けた。竹久夢二（一八八四―一九三四）の画集を皮切りに、武者小路実篤（一八八五―一九七六）らの雑誌「白樺」などを手がけた。また、恩地孝四郎（一八九一―一九五五）らの雑誌「月映」の刊行など、採算を度外視した援助も続けた。

自らは裏方に徹し、出版文化の確立を目指したわけだが、経営は行き詰まり、執筆者との軋轢もあって、道は平坦ではなかった。

伝記作家の田中英夫（一九四九―）は出版人河本亀之助の情熱に打たれた。細部まで調べ、大部の書をまとめた。巻末の年次刊行リストは、日本の出版史にも重なる大事な資料だ。

（朝日新聞　2016年1月31日）

徐園

『日本における新聞連載　子ども漫画の戦前史』

日本僑報社　2012年12月

メディア史、漫画研究の徐園（一九八一―）は本書の表題を歴史に「刻む」ことが狙いだったと言う。子ども漫画史から日本社会の動態を問い直すという、中国人研究者の姿勢である。

タテ軸（歴史）とヨコ軸（時代）を明確にするために、明治以降、東京で発行された日刊の主要全国紙八紙すべてに目を通し、漫画のヒトコマずつを分析して、そこに現れていた国家意思、また日本人の価値観や好みなどを平易に説明している。本文中、各種各様のリストを掲げているが、作成に注いだであろう熱意に圧倒される。

明治三十五年（一九〇二）に北沢楽天（一八七六—一九五五）が誕生させた子ども漫画の歴史は、五期に分類されるという。意外なことに昭和五年（一九三〇）から十二年までが繁栄期で、漫画の数は史上最高の百三十一本に達した。戦時とも重なり、主人公は国家を象徴する存在であった。「日の丸ポン吉」のように、頬に日の丸がつく少年が主人公であった。キャラクターとしては、国家のために行動するという特徴があった。子ども漫画は大衆のエネルギーに支持されたという結論が新鮮である。

（朝日新聞　２０１３年５月19日）

玉井清 編著
『写真週報』とその時代（上下）
戦時日本の国民生活
慶應義塾大学出版会　２０１７年７月

平時と戦時の違いは何か。価値観、倫理観の逆転現象が起こり、友好が憎悪に変わるようなシステムを、指導者がつくり上げるのが戦時と言える。その手法の一つが、国民へ向けての、写真を用いたプロパガンダだ。

内閣情報部（のちの情報局）が、日中戦争が起きて半年後、昭和十三年（一九三八）二月に創刊した雑誌「写真週報」は、太平洋戦争末期の昭和二十年（一九四五）七月まで発行された。民間の雑誌発行が予算不足や検閲などで困難を極めるなか、著名な写真家や作家を起用して続けられた。まさに「国による戦時の啓蒙誌」だった。

この国策グラフ雑誌「写真週報」を、近代日本政治史の玉井清（一九五九—）ら中堅、若手の研究者七人が多角的に分析したのが本書だ。平時がいかに崩れ、戦時へと突き進んだかが読み解かれている。模範的臣民を目指し、体力向上に努め、結婚して多くの子をつくり、勤労し、国の発表はすべて信じ、爆弾が落ちても逃げずに消火に努め、私たち日本人は大東亜の盟主だと自負する。一方、米英の指導者は国民を欺き、自ら戦場に立つことがない卑怯者で、そんな彼らに率いられた国民や兵士は不幸だと蔑視する。「二千六百年」の歴史を持つ皇国が戦争に負けるわけがなく、どんな苦境に陥ろうとも、新型兵器を開発して打開する。いざとなれば国民自らが爆弾となり、特攻作戦に従う。このようなことが写真と文章で、延々と説かれるのだ。つまりそれが、戦時社会の一つの側面だった。

「写真週報」は「編集も国民の目線に近づけようとしていた」と見て、研究者たちの問題意識は、戦時下の人びとの姿を探ることへと向かう。南方地域での宣撫、ナチス・ドイツへの徹底した傾斜ぶりなどが紹介され、確かに国民の目線は窺える。

本書は思想的紋切り型の表現がない分、読みやすく、権力によるプロパガンダを多角的に分析しており、理解しやすい。国策グラフ誌「写真週報」の画像から当時の政策を読み取り、国民の生活や意識を立体的に描き出している。戦時下の国民心理の重層性は、行間から読み取るべきだろう。

（朝日新聞　2017年10月8日）

井上祐子
『戦時グラフ雑誌の宣伝戦　十五年戦争下の「日本」イメージ』
青弓社　2009年2月

昭和六年（一九三一）の満州事変から続く一連の戦争を「聖戦」と称した以上、大日本帝国はそれを視覚化し、国際社会へ訴えなければならなかった。標語の視覚化に従事した「国家宣伝技術者」たちの方法、用いた媒体を、本書は丹念に検証している。

ジャーナリズム論のテーマと見られがちだが、国家宣伝の内実が、日本社会の特異性のなかで、奇妙な構図を持つに至ったとの認識を記述するために、日本近現代メディア史の井上祐子（一九六三―）は政治史、文化論、果ては心理学にまで関心を広げている。「聖戦」「戦争の正当性」「東亜新秩序」といった語を視覚化した写真やレイアウト、付されたキャプションなどはいかにも日本的で、あらためて背景を考えざるを得ない。著者は「十五年戦争期の日本では、受け手側の受容の構造を考慮することなく、宣伝者側の主張や価値観を一方的に発信することを宣伝と考える傾向があった」と記しているが、つまり、宣伝の意味を理解していなかったということだろう。

　著者は、戦時下に刊行された一連のグラフ雑誌、「ＮＩＰＰＯＮ」「ＦＲＯＮＴ」「アサヒグラフ海外版」などの大半に目を通しているが、むろん外国の媒体も押さえている。たとえばアメリカのグラフ雑誌「ＬＩＦＥ」に掲載された、日本軍の爆撃を伝える「上海南駅の赤ん坊」の写真は、一億三千六百万もの世界の人びとが見て、反日感情を高めたという。対して日本側のグラフ雑誌は「ＬＩＦＥ」の記事をでっち上げだと訴え、反論などを掲載したが、根拠を示すことができず、アメリカのイエロージャーナリズム（煽情的な記事）批判に終始するのみだった。

　国家宣伝の実情として、日本のグラフ雑誌は情報局の統制もあり、事実より「主観」を取り、この「主観」を客観化するのに必死だった。一方、アメリカやイギリスには、事実を根拠に表現へと転化させる技術があった。つまり正確に報道することが、宣伝の主要な骨格を成しており、ゆえに強固だったと。写真家土門拳（一九〇九―九〇）は「報道宣伝力」と言ったそうだが、日本のグラフ雑誌に欠けていたものとの指摘は、現代にも響く。

（朝日新聞　2009年4月5日）

竹山昭子
『太平洋戦争下　その時ラジオは』
朝日新聞出版　2013年7月

近藤富枝
『大本営発表のマイク　私の十五年戦争』
河出書房新社　2013年8月

　東京放送局（ＪＯＡＫ）がラジオのテスト放送を開始したのは、大正十四年（一九二五）三月一日のことだ。九十年の節目を前に、ラジオや放送人に関する書が相次いで刊行された。放送史研究の竹山昭子（一九二八―）の書は、太平洋戦争期にラジオというメディアが果たした役割を解説している。近藤富枝（一九二二―二〇一六）の書は、自身の前半生の記録だが、昭和十九年（一九四四）十月から翌年の敗戦までの、日本放送協会のアナウンサー時代を率直に語っている。放送論と体験史を重ねてみると、音声メディアたるラジオの特性が、権力に都合よく使われたこともわかってくる。

竹山書は、「一つの声が同時に直接全国民の耳に入る」放送の機能が、戦時下でどう利用されたかを、各種資料を引きながら具体的に明かしている。昭和十六年（一九四一）十二月八日に太平洋戦争が始まると、放送内容は「国策の徹底」から「国民生活の明朗化」「生産増強」へと傾斜していった。そして戦争末期には、「戦争報道」ではなく「戦争報導」と化した。言わば放送による報国のプロセスでの、関係者の懊悩（おうのう）が解説されている。たとえばアナウンサーは、「無色透明なる伝達者」として主観を交えてはならない存在だったが、やがて「国民動員の宣伝者」たれという職業意識が課せられる。さらに「国策を自己の解釈により、情熱をもって主張」することが求められ、戦争末期には「信頼感と安定感」を与えるよう原稿を読めと命じられる。

戦況を伝えるアナウンサーの、微妙な感情まで国策に収斂（しゅうれん）させよとの命令だが、一方、近藤書によれば、「大本営発表」を報じる時は、男性アナウンサーとは異なり、感情を交えないよう原稿を読んだという。近藤は「ニュースの内容まで批判する習慣が私から消えていた」と書く。放送人の自戒は、この点にも集約されるようだ。

（朝日新聞　2013年10月13日）

秋山久
『君は玉音放送を聞いたか　ラジオと戦争』
旬報社　2018年8月

日本におけるラジオ放送の開始は、大正十四年（一九二五）三月二十二日だが、しかしまもなく、昭和の戦時体制に翻弄されることになる。満州事変（一九三一―三）、日中戦争（一九三七―四五）、太平洋戦争（一九四一―五）と相次ぐなか、ラジオが置かれた状況を、制作者側から浮き彫りにした書だ。

元NHK記者の秋山久（一九三五―）によれば、ラジオの全国受信契約数は、太平洋戦争開戦時には六百六十二万四千三百二十六件に達し、放送開始時の千倍以上となった。契約数の激増は、戦況への関心はもちろん、死傷者に知り合いがいないか耳を澄ませる人が多かったことも一因となっている。また、敗戦の年の三月には七百四十七万件にまで増えるが、これは「爆音による敵機の聞き分け方」を習い、命を守るためだった。

広島に原爆が投下されたことの、ラジオによる第一報は、八月六日当日の午後六時説と午後九時説があるそうだ。いずれにせよ大本営発表に準じたわけだが、広島放送局は壊滅状態にあったとはいえ、局員には正確に調査して国民に伝える自由もなかった。ほかにも終戦時のクーデターの動きや「玉音放送」録音原盤の謎、占領期の規制など多くの史実が語られている。草創期のラジオは貴重な証言者だ。

（朝日新聞　2018年10月27日）

小尾俊人

『昨日と明日の間　編集者のノートから』

幻戯書房　2009年9月

著者の小尾俊人（おびとしと）（一九二二―二〇一一）は昭和十五年（一九四〇）、十九歳で出版界に足を踏み入れた。学徒出陣による出征を経て、戦後、昭和二十一年（一九四六）に、焼け跡に友人らとみすず書房を創業した。生涯一編集者として、二千点に及ぶ書籍を世に問うた、生粋の出版人だ。

「知」に対する信奉、他者への優しさ、人間の尊厳をめぐる言葉に、戦前、戦後に出会った知識人との交流で培われた著者の人生の深みが凝縮している。キング牧師（一九二九―六八）の死を悼む一文、自らが手がけた『ゲバラ日記』（一九六八）の序文をはじめ、書き継がれたエッセー、感想文、追悼文、書評、講演記録などが収められており、出版人の誇りが滲む。戦争という非人間的かつ不条理の世界を体験した世代の、人間存在の意味を純粋に問うてきた姿勢が、頁をめくるたびに感じられ、静かに瞑目したくなる。

丸山眞男（一九一四―九六）、野田良之（一九一二―八五）、宇佐見英治（一九一八―二〇〇二）、片山敏彦（一八九八―一九六一）、高杉一郎（一九〇八―二〇〇八）、藤田省三（一九二七―二〇〇三）、井村恒郎（一九〇六―八一）など、理性や感性に共鳴した戦後知識人の素顔も描写される。

一方で、詩人堀口大學（一八九二―一九八一）の死に際しての、戦中「沈黙を守り通した」とか「日本の読者は堀口訳でフランス文学を教えられた」といった追悼文への強い違和感も示す。堀口の「すめろぎの歌」（一九四二）などにふれながら、歴史上の人物の業績を評価する視座を説いたくだりは卓見であり、「読者を媒介として、故人は生者となる」との言は鋭く、理に適っている。

山路愛山（一八六五―一九一七）、ロマン・ロラン（一八六六―一九四四）、オノレ・ドーミエ（一八〇八―七九）などについては比較的長文の感想を記しているが、たとえば「ロランは日本人にとって、心の友である」との短い表現に、その作品に魅かれる者の良質な精神が讃えられている。随所に見られる著者の簡潔な思想表現を、読者は味わうべきだろう。文化の担い手たる出版人は、時代にどう関わるべきかと問いつづけた著者の信念が、次代に託されている。

（朝日新聞　2009年12月20日）

渡辺京二
『父母の記　私的昭和の面影』
平凡社　2016年8月

著者の渡辺京二（一九三〇―）は、近代日本の土着空間を見つづける文筆家だが、本書では自らの土台たる家族という共同体の実像を赤裸々に示している。生を持続させる以上、家族のことを語らずにはいられないという衝動が芯になっている。

書名に採られた一篇「父母の記」では、両親がどのような存在だったか、愛惜を込め、老いの心境で振り返っている。外に隠し女を持つことを何とも思わない映画の弁士で、興行師でもあった父。すでに芸者に子を産ませていたのを承知で、父と結婚した母。両親の葛藤の日々のなか、義兄および二人の姉（次姉は病死）とともに著者は育っていく。父は外の女と暮らし、帰宅しても長居はしない。父親不在の家庭で、母や姉たちと過ごした幼年期、少年期に、しだいに根づいたのが冷めた心理と、いかなる現実にもたじろがない精神だったとの読後感が湧く。

北京、大連、そして熊本での生活。旧制五高時代、結核に罹った著者は、四年半の療養など自身を育んだ環境について語りつづける。青年期、文学者を目指し、思想運動に関わったとも告白している。

母の愛情の底には「尊敬に値する」夫像を求める姿があったと推測している。その母が臨終の枕辺で「愛していますと」と呟いたことには、「可愛らしい声だった。私は愕然とした」と記し、「結婚し立ての若き父に向かって」夢うつつにつぶやいたのだろうと、思いを巡らせる。老いた今、自らも父の性格に似た点が少なくないと述べ、「父母の記」は筆が擱かれる。

ほか、日本読書新聞の編集者時代に影響を受けた吉本隆明（一九二四―二〇一二）や橋川文三（一九二二―八三）などの人物論も収められている。彼らへの畏敬の念が、歴史や状況に向き合う真摯な姿勢を生んだのだろう。どのような精神遍歴を経て、一人の文筆家が生まれたか、昭和の側面史として読むことができる。

（朝日新聞　２０１６年10月30日）

常盤新平『翻訳出版編集後記』

幻戯書房　２０１６年５月

翻訳出版が中心の早川書房の編集者として十年、翻訳家として十年、その体験の記録だ。出版社、編集者、翻訳家には強い仲間意識があるらしいが、一九六〇年代、七〇年代の翻訳業界の内情が明かされている。

能力も時間も要する作業に勤しんでも、一冊の印税が十万円を超えることはほとんどない時代だった。印税が出ればまだましで、原稿の買い上げということもあった。著者の常盤新平（一九三一―二〇一三）は言う。「翻訳者はひとにぎりの人たちを除いて、みんな貧しかった。（略）早川書房だって貧しかったのだ」と。

翻訳ものは十冊に一冊売れれば良いほうで、逆にわずかな部数を大切にした時代、著者はしだいに「翻訳哲学」を確立していく。

さまざまな出会いがあった。ニューヨークでは著名な作家や出版人とのふれあいがあった。そして、自ら版権を獲得した本が、読者を摑むことの喜びを通じて、「翻訳というのは結婚ではないか」との心境に達した。作品は、訳者しだいで良くもなり、劣悪にもなる。

マリオ・プーゾ（一九二〇―九九）の小説『ゴッドファーザー』（一九六九）を読み、ハヤカワ・ノヴェルズに入れたいと思った。社を説得し、版権を取った。長尺ゆえ一ノ瀬直二（なおじ）（加島祥造　一九二三―二〇一五）の翻訳も大変だったろうが、昭和四十七年（一九七二）に上梓され、著者はマフィアものが日本で売れることを実感した。

ハヤカワ・ミステリを軌道に乗せるも、編集長として創刊した雑誌「ホリデイ」（一九六一）は一号で廃刊になるなど、成功、失敗を織り交ぜながらの記述には哀歓がこもる。この哀歓とアメリカ文化への憧憬が、のちの小説執筆にも生かされ、『遠いアメリカ』（一九八六）の直木賞受賞につながる。

アメリカでは七百余頁の大冊でもベストセラーになるとか、ある作家は四年先に騒がれるだろう事象を想定して書くとか、さりげないエピソードが興味深い。老人の言を「わしは……じゃ」と訳す安易さなどは、今もさして変わりないのではないか。

（朝日新聞　2016年9月4日）

植村隆
『真実　私は「捏造記者」ではない』
岩波書店　2016年2月

従軍慰安婦問題の本質は二点ある。一つは、古代ローマ以来の、性病の蔓延で軍隊が機能しなくなることへの懸念。もう一つは、二十世紀の軍隊と性のあり方が、各国の政治体制で異なった点だ。

ノルマンディー上陸作戦（一九四四）後のフランスでは、慰安所がつくられたが廃止された。占領期の日本でも政府によって慰安所が設置されたが、これはアメリカ国内での人権を観点にした批判などで廃止された。

その意味では、数年来騒がれている韓国の慰安婦問題は、幹とは異なる枝葉の案件と言える。挺身隊の名目で欺き連行したとの報道は、一九九〇年代初頭にはマスコミ各社が行っていたわけだが、朝日新聞の当該記事を書いたとされる者のみに責任を転嫁するのは、別の思惑があってのことだろう。

本書は、当該記事を書いた植村隆（一九五八―）自身の、この問題に対する詳細な報告であり、自分史でもある。自分は「捏造記者」ではない、闘っていく、との意気込みの背景に、むしろ日本社会の病理が幾重にも浮かんできて、読後には不快感が残る。

不快感を引き起こした病理としては「メディアの相互批判の計算」「ネット社会の脅迫の匿名性」「教育機関のタテマエ主義」などが挙げられる。「取材報道のあり方」「メディアの検証能力の不徹底」などはその病因と言えよう。従軍慰安婦問題を論じているかに見えて、社会の歪みを顕現させたというのが、私の正直な感想だ。

昭和初期の天皇機関説の排撃では、点火役の右翼系学者、蓑田胸喜（一八九四―一九四六）、拡散役の貴族院議員、菊池武夫（一八七五―一九五五）ら、そしてこの運動空間を政策化した文部省などが、超国家主義への道筋をつけた。従軍慰安婦問題にはまさに、そんな構図が想起されるのだ。

アメリカの六つの大学で、著者が自身の立場を述べた体験も記されている。プリンストン大学の講演会に参加したある在米日本人が、非難を浴びねばならない戦時の行いについて、日本人はなぜ名誉回復に執着するのかと語ったことは、考えさせられる。

（朝日新聞　２０１６年５月22日）

山田健太

『見張塔からずっと　政権とメディアの8年』

『放送法と権力』

ともに田畑書店　2016年10月

日本という国の骨格が大きく揺らいだ平成二十年（二〇〇八）から二十八年の、政権とメディアの変遷を定点観測している。言論法、ジャーナリズム研究の山田健太（一九五九―）はメディア状況を俯瞰し、「市民的自由は後退につぐ後退を余儀なくされた」と断じている。『見張塔からずっと』は、琉球新報に連載した八年分の「メディア時評」を収めている。『放送法と権力』は、権力との関係のなかで各メディアが置かれた立場を論じ、ジャーナリストに必要な資質を具体的に提示している。

前書には沖縄を軸にした論点がいくつか示されている。たとえば世論政治は「自らの政策にあわない意見を黙殺」しがちで、典型的な例が基地問題に対する「沖縄の声」であり、それが本土メディアにも及んでいるとの実情報告は頷ける。

「沖縄密約と辺野古新基地」「共通番号制」「秘密保護法」「安保関連法」など、さまざまな事案が政治上のプログラムに載せられた。メディアは各社の姿勢で論じたが、つまりは、向き合うべき二つの課題を浮かび上がらせた。一つは、国策＝国益とジャーナリズムの関係性、もう一つは、表現の自由と自主規制の関係性だ。国益と称する国策にジャーナリズムはどう対応しているのか。戦前、戦時下の教訓が今のメディアにどう生かされているのか。あらためて注目しなければならない。

「表現の自由の限界」については後書が記している。「表現者」がメディア内部で批判を抑える「内在的制約」の状態にあると、図示しながら分析している。貴重な分析で、メディア自体に奮起を促し、「市民力」が支える表現の自由こそ重要との結論に至っている。

著者は戦後の「放送」ジャーナリズムを四つの期間に分け、平成十二年（二〇〇〇）以降は「行政指導」が「頻発」する状態にあると憂えているが、気にかかる指摘だ。

（朝日新聞　2017年1月22日）

柴山哲也

『いま、解読する戦後ジャーナリズム秘史』

ミネルヴァ書房　2020年1月

本書を読むと、日本のメディアは自己省察が足りないと感じる。有事立法をめぐる論議は国会の内外で盛んに行われたわけだが、しかしもし、実際に有事となったら、メディアはどう報じたか。「メディア自身の『有事』が捉えられていない」と著者の柴山哲也（一九四〇―）は言う。そして、政府の考えるNHKなどテレビ局の動員を、かつての「大本営発表」に重ねて案じる。

著者は五十代半ばで朝日新聞記者の職を離れ、以後、国内外の大学などでジャーナリズム研究に従事している。つまり、自身の記者体験を学問的に位置づけることを、後半生の務めとした。

海外取材の豊富なエピソードも盛り込まれており、意表を衝かれたりもする。昭和五十六年（一九八一）の北朝鮮取材の折、平壌近郊の外国人用と思しきレストランで食事をした。奥の売店に、日本のたばこがあったので求めたという。売り子の少女が日本語を聞いて笑った。写真を撮ろうと思い、カメラを手に戻ると、少女は二度と姿を見せなかった。まだ拉致被害は知られていなかった。のちに横田めぐみ（一九六四―）の写真を見た著者は、売り子の少女そっくりで、本人だったのではないかと回想している。

アメリカの国立公文書館へもしばしば赴いた。探し求めていた重要な外交機密文書を見つけたが、日本の外務省の了解がなければ見せられないと館員に言われる。外務省はこれほどまでに取材妨害をするのかと、著者は驚いている。

文化大革命、ベトナム戦争、湾岸戦争、オウム事件などの報道についても、記者時代に行った取材を踏まえ、日本型ジャーナリズムの特徴を整理している。論は具体的で、運びもわかりやすい。本書は、メディアの内部を知り尽くした著者による戦後ジャーナリズム史だが、結果的に、劣化したと言われる現在の状況へも向き合うことになる。

（朝日新聞　2020年3月14日）

XIV章……文学、思想

芦原伸

『へるん先生の汽車旅行　小泉八雲、旅に暮らす』

集英社インターナショナル　２０１４年２月

英語教師としての契約書の名前には「へるん」とあった小泉八雲ことパトリック・ラフカディオ・ハーン（一八五〇―一九〇四）は、東京西大久保の自宅で五十四年の生涯を閉じた。夕食時には子供たちと雑談を交わしていたが、体調不良を訴え、寝床で横になった。妻の節子が『思ひ出の記』（一九二七）に書いている。「間もなく、もうこの世の人ではありませんでした」。

ギリシャのレフカダ島で生まれ、父の奔放な生活の犠牲となり、孤児同然で育った。「旅と鉄道」編集長で紀行作家の芦原伸（しん）（一九四六―）によれば、ハーンの「アングロサクソン嫌い、キリスト教嫌い、は自分を捨てた父親への反感」に根があるという。

青年期よりロンドン、ニューヨーク、シンシナティ、フィラデルフィアなどに住み、新聞記者、作家として精力的に活動するが、その姿勢が常に体制の枠組みから外れるのも、「西洋合理主義」への苛立ちに起因していた。

ただ、人間的には憎めないところがあり、困窮、孤立の状態に陥ると、必ず支える者が現れた。明治二十三年（一八九〇）、四十歳の時、ある雑誌の依頼で探訪記事を書くために来日した。「放浪者、夢想家、独善家」のハーンは日本社会の伝承に関心を持った。日本人の妻を求め、晩年には帰化し、怪談など多くの作品を残すのだが、著者はその心情について、「ハーンは出雲に来て変わった。〔略〕日本文化の神髄を知るに至り、日本定住を決意した」と説明している。

著者は、ハーンが移り住んだ北米の各地から松江、熊本、神戸なども丹念に歩いて、百年以上前の風景を想起し、現在と対比させながら、その姿が当地にどう刻まれているかを示した。言わば「歩く評伝」で、新しいジャンルの確立を感じさせる。また、著者がこだわる近代の国家像も、自身の祖父とハーンの描写に垣間見える。

（朝日新聞　２０１４年４月20日）

木村勲
『鉄幹と文壇照魔鏡事件 山川登美子及び「明星」異史』

国書刊行会 2016年6月

明治三十四年（一九〇一）、『文壇照魔鏡』という本が刊行された。与謝野鉄幹（一八七三―一九三五）の私生活を徹底して口汚く罵った本で、版元は仮名、書いた人物も不明だ。鉄幹は、旧知の歌人高須芳次郎（梅渓一八八〇―一九四八）を疑い、法廷へ持ち込むが、証拠不充分で敗訴となった。

真犯人は誰なのか。多くのメディアがこの事件を追ったが、犯人像は明らかにならなかった。元朝日新聞記者で近代文芸研究の木村勲（一九四三―）は資料を読み抜き、関係者の歩み、作品、心理などを丹念に分析して、当時の歌壇、文壇、出版社の実像に迫った。犯人の捜索というより、事件の背景を成す、明治三十年代の文人たちの姿を浮かび上がらせている。「新声」（一八九六―一九一〇）などの文芸誌はもちろん、足尾鉱毒事件にも筆が及ぶ。

鉄幹と梅渓には生涯にわたる確執があった。鉄幹の妻だった林滝野（一八七八？―一九六六）、与謝野晶子（一八七八―一九四二）、そして山川登美子（一八七九―一九〇九）らの感性は、当時の日本人の生活感覚では理解し難かったろう。山川登美子については、その歌に盛り込まれた事件の影響なども指摘し、新たな肖像を描いている。緻密な分析が新鮮だ。

（朝日新聞 2016年8月21日）

梯久美子
『サガレン 樺太／サハリン 境界を旅する』

KADOKAWA 2020年4月

ノンフィクション作家の梯久美子（一九六一―）は、テーマに即した一文を著作に書き込む。サハリン（樺太）へは、農業学者ミツーリの二十年後にアントン・チェーホフ（一八六〇―一九〇四）が、その三十三年後に宮沢賢治（一八九六―一九三三）が訪れており、たとえば本書では、「ときを隔ててはいても、同じ土を踏むことで、異郷を旅する者たちは縁を結ぶ」と記している。

サハリンは日本とロシアのせめぎ合いの地であった。安政元年（一八五五）に結んだ日露和親条約では、両国の雑居地と定められた。明治八年（一八七五）の交換条約で日本は樺太を放棄し、千島列島を領有した。日露戦争後、明治三十八年（一九〇五）のポーツマス条約では、北緯五十度以南が日本領となったが、第二次世界大戦でソ連が占領した。著者がサハリンに関心を抱くのは、「歴史のほうから絶えずこちらに語りかけてくる」ためだと言う。

第一部は、サハリンを南北に貫く東部本線往復の鉄道旅で、北原白秋（一八八五—一九四二）や林芙美子（一九〇三—五一）との作品を通じた「縁」を活写する。かつて当地には「国境線観光」というものがあった。終点ノグリキから廃線を探索すると、日本による石油採掘の跡もある。

重要なのは、林芙美子のサハリン紀行の読み解きだ。林芙美子は、共産党へのカンパを疑われ、東京の中野署に勾留されたことを知る巡査に会い、その暴言に涙する。著者は芙美子が国境線観光を避けた理由を推測するが、ここに時を超えた共感が窺える。

第二部では、宮沢賢治の詩作を解きほぐそうと、同様のコースを辿る。妹トシの死（一九二二）は、賢治に心理的混乱を生じさせ、旅はそれを抱えながら続けられた。サハリンでの最初の詩「オホーツク挽歌」について、賢治がオホーツク海で「トシの存在を直観する」と読み解いたのは、圧巻と言えよう。

また、チェーホフの調査報告書『サハリン島』（一八九五）について、当地を愛して亡くなったミツーリを追悼するものという見解にも納得させられる。

本書のタイトルは、賢治がこの地を「サガレン」と呼んだことから採ったという。時を超えて同じ空間に身を置き、国の狭間で「縁を結ぶ（対話する）」のは、次代の者の務めだと記す。読後感が心地よい。

（朝日新聞　２０２０年６月20日）

平石典子
『煩悶青年と女学生の文学誌　「西洋」を読み替えて』
新曜社　2012年2月

難波知子
『学校制服の文化史　日本近代における女子生徒服装の変遷』
創元社　2012年2月

近代日本、とくに明治の学徒の内実（精神）と外見（制服）を解析した研究書だ。比較文学の平石典子（一九六七―）の書は、明治の青年男女の内実が文学にどう現れたか、作品が社会にどう受け止められたかを、具体例を示しながら説明している。服装文化論の難波知子（一九八〇―）の書は、同時期の女学生の制服変遷史である。

平石書は冒頭の「煩悶青年」を論じた章で、まず明治三十六年に華厳の滝で投身自殺をした一高生、藤村操（一八八六―一九〇三）の「巌頭之感」を説く。新しい時代に知識人たらんとした青年の自問は、「煩悶」という語を「社会問題のレベルに引き上げ」た。そして「当時の日本に煩悶の流行を生み出した」。藤村の死後、五年間で四十人の自殺者と六十七人の未遂者が出たそうだ。平石書は「煩悶」を文学史的に分析し、ロシア文学への関心と結びつける。たとえば、小栗風葉（一八七五―一九二六）の『青春』（一九〇五―六）の主人公が煩悶する様子などは、イワン・ツルゲーネフ（一八一八―八三）の『ルージン』（一八五六）が下敷きになったと指摘している。

さらに平石書は独自の見方で、「女学生」「新しい男」「女たち」などの存在が文学にどう反映したかを解く方程式を示しており、論理がいかにも現代的でわかりやすい。

女学生は明治二十年代には文学の重要な登場人物になった。女学生像がどのように造形されたかを、尾崎紅葉（一八六八―一九〇三）の『風流京人形』（一八八九）や山田美妙（一八六八―一九一〇）の「花ぐるま」（一八八八）を引き、明かしている。新聞も報じた女学生のふしだらな恋愛については、難波書でも紹介される小杉天外（一八六五―一九五二）の『魔風恋風』（一九〇三）で示し、堕落がキーワードだと分析している。明治中期から後期にかけて、社会のなかでの女学生の、自立を阻むつまずきがあった。島崎藤村（一八七二―一九四三）の「老嬢」（一九〇三）における夏子の末路などは、まさに時代が書かせたと言えよう。

平石書が明治期の社会と作品の間を往来するのは、近代文学の訴求力と海外文学の影響力が、現実へどう働いたかを確かめるためだ。明治後期に起こったイタリアの作家ガブリエーレ・ダンヌンツィオ（一八六三―一九三八）のブームの背景には、日本の作家たちが「新しい男」のモデルを求めたということがあった。平石書の彼らの作品紹介には、そのような分析が示されていて説得力がある。

難波書は上記の理解を深めるためにも貴重だ。あるいは難波書は、平石書の説得力を補完しているとも言える。明治から昭和のある時期までの女学生の制服が、知的イメージの具現化にせよ、社会史の視点は持ち込まれるべきで、その定義や変遷の要点が袴の採用と徽章の着用だったとの指摘には納得できる。大正期の自由主義教育の実践者、与謝野晶子（一八七八―一九四二）による「個人性の没却」といった制服批判も、現在に通じる視点で興味深い。

（朝日新聞　2012年4月8日）

三好徹
『大正ロマンの真実』
原書房　2014年2月

大正期十五年間の政治、軍事、文化に関わる事件事象を選び、時代に躍った人びとの姿を活写している。大正ロマンとか大正デモクラシーとか称される空気が、「人」の生き方で形成されたことがわかる。

伯爵夫人とお抱え運転手の心中に、松井須磨子（一八八六―一九一九）による島村抱月（一八七一―一九一八）のあと追い自殺や、波多野秋子（一八九四―一九二三）と有島武郎（一八七八―一九二三）の心中が重ねられる。浅原健三（一八九七―一九六七）と八幡製鉄のストライキの稿では、大杉栄（一八八五―一九二三）の周辺にも筆が及ぶ。シーメンス事件（一九一四）を論じて海軍内部の人脈図を浮かび上がらせる。原敬（一八五六―一九二一）ら政治指導者を語れば、歌人下田歌子（一八五四―一九三六）が顔を出す。朴烈（一九〇二―七四）と金子文子（一九〇三―二六）の写真の謎を解く鍵を握る立松懐清判事の生き方など、個々の挿話が、直木賞作家三好徹（一九三一―）の練達の筆で巧みに構成されている。

乃木希典（一八四九―一九一二）の信頼を受けた新聞記者大庭景秋（一八七二―一九二四?）は、大正期は社会主義に関心を抱き、革命後のロシアで消息を絶った。また、桂太郎（一八四七―一九一三）の愛妾で戦後まで生きたお鯉（一八八〇―一九四八）の自慢話など、多様な姿が大正から昭和へと託された。

（朝日新聞　2014年5月4日）

川本三郎
『白秋望景』

新書館　2012年1月

詩歌の人、北原白秋（一八八五―一九四二）の軌跡を辿った評伝だが、評論家の川本三郎（一九四四―）による追悼詩のような趣を持つ。白秋像を描きながら、自らの言葉で解きほぐしている。白秋の五十七年の生涯を彩るエキスを抽出し、二十の章で濃密にデッサンしていくかに見える。

「水の感受性」という章がある。「水があった」という一行で始まる。明治三十七年（一九〇四）に上京した白秋は、隅田川という「水」に接し、故郷の九州柳河の水郷を詩的風景として捉えた。一方、永井荷風（一八七九―一九五九）や芥川龍之介（一八九二―一九二七）、谷崎潤一郎（一八八六―一九六五）なども当時、「水」の東京を描いたが、彼らに通底するのは「西洋」への強い意識であった。

「赤の発見」という章の冒頭は「はじめに色があった」。白秋の詩歌がモチーフとした情感に、読者は引きずり込まれる。「白秋の目に、東京はまず光の町として飛びこんでくる」「言葉のキャンバスに新しいさまざまな色を描き出し」「思えば大正時代は、文学者が田園を目ざした時代でもあった」など、著者の練達な表現には、白秋を文学史上に位置づける執念が窺える。

むろん白秋の私生活はすべて明らかにされる。三度の結婚、東京に出てきてから三十回以上住所を変えたこと。さらに、小笠原での隠遁生活で出会った無垢な少女「リデヤ」の存在が、童謡の作詩に着手させたという推測は肯(うなず)ける。

白秋は時代と格闘した。昭和のある時期には空疎な軍歌も作詩したが、自らの心情に潜むナショナリズムへの苦悩の現れだったのか。著者も関心を示す大正八年(一九一九)作の「金魚」の「母さん、帰らぬ、さびしいな。/金魚を一匹突き殺す。」といった残酷さには、白秋が説いた「童心童話」があると著者は指摘している。白秋が説いた偽りなき人生を確認し、著者と涙を共有するのみである。

(朝日新聞　2012年4月22日)

樽見博
『戦争俳句と俳人たち』
トランスビュー　2014年2月

「戦争俳句」とは、文字どおり戦時下に詠まれた俳句を指す。内訳は聖戦俳句、生活俳句、プロレタリア文学系の俳句まで多岐にわたる。また、本質をめぐる新興と伝統の論争などもあり、俳句という表現に携わった者たちの生き方には地肌が表れている。

「日本古書通信」編集長の樽見博(一九五四―)によれば、戦争俳句の体系立てた研究はなく、本書は貴重な試みと言えよう。山口誓子(一九〇一―九四)、中村草田男(一九〇一―八三)、加藤楸邨(一九〇五―九三)ら「巨星」を徹底解剖し、さらに有名無名の二十八人を紹介している。

戦争俳句で最も有名なのが、昭和十四年(一九三九)四月に刊行された長谷川素逝(そせい)(一九〇七―四六)の『砲車』だという。高浜虚子(一八七四―一九五九)の十一頁に及ぶ序文の掲載、上質紙の使用など、異色の句集だ。この句集を、日野草城(そうじょう)(一九〇一―五六)が自身主宰する「旗艦」で詳細に論じ、戦争における事実と戦争俳句の関係について、本質的な視点を示した。そして、「わが馬をうづむと兵ら枯野(かれの)掘る」などの句は、たとえ事実でも文学性には乏しいと指摘した。一方で「大兵を送り来し貨車灼(や)けてならぶ」などの作句は、戦地にいて初めて可能になるもので、銃後の俳人にはできないと讃えた。また水原秋桜子（一八九二—一九八一）は、『砲車』中の一句「寒夜くらしたたかひすみていのちありぬ」に惹かれたとの印象批評を述べている。

著者は『砲車』について、「演出された句集」と解説している。確かに素逝は戦地にあった少尉だが、内実はつまり、国家や軍部が模範を示した「官製句集」だったのではないかと。数多の資料に目を通し、俳人一人一人の心情を掘り下げての分析ゆえ、説得力がある。

文中、プロレタリア俳人の栗林一石路（いっせきろ）（一八九四—一九六一）が説いた「実践的俳句の提唱」が新鮮に感じられ、自由律の句、「出征の旗がくらい電線にひっかゝったりしてゆく」が心に残った。

（朝日新聞　2014年4月13日）

山中恒『戦時児童文学論　小川未明、浜田広介、坪田譲治に沿って』

大月書店　2010年11月

日本の児童文学史百十余年における「十五年戦争」（一九三一—四五）の間、さらに「総力戦体制が強化された五年程度の期間」に、児童文学者はどのような意識で、何を書いたのか。これを確かめたいと、児童文学作家の山中恒（ひさし）（一九三一—）は大先達の小川未明（みめい）（一八八二—一九六一）、浜田広介（ひろすけ）（一八九三—一九七三）、坪田譲治（一八九〇—一九八二）を中心に、作品を一つ一つ検証した。

著者は三人の作品について、テーマや登場人物が軍国主義の実相のなかでどう変化したか、ストーリーを追いながら説いていく。人道主義やアナキズムに関心を持っていた小川未明が、昭和十六年（一九四一）十二月の日本少国民文化協会の発足後はその中軸にあって、児童雑誌が明治以後の功利主義思想に基づく自由主義の延長線で編まれていると言いだす。少国民とは銃後で国体を支えるべき年少皇国民のことで、日本少国民文化協会は児童文化を統制する団体だ。著者はその変質ぶりに「未明先生、こりゃ行き過ぎというもんじゃありませんか」と独り呟いたという。

浜田広介、坪田譲治についても、戦時下ではまるで銃後督戦作家だったと断じ、作品を解剖していく。たとえば譲治の「太郎のゆめ」では、一年生の太郎が、北京でおじいさんに「日本と支那の戦争がはじまった」と聞かされるわけだが、戦争は鉄砲を撃つだけのものではないと、国家非常時の長期戦体制が国策に則って説かれている。広介についても、「わにとへいたいさん」に対する作者の言葉「わたくしは、日本の兵隊さんの、とうとい、つよい、やさしい姿をはっきりと書きあげました」を引用し、追及している。

未明は大正期の童心文学の先駆者だ。広介はやはり大正期に小説から児童文学の分野に移った作家だ。譲治は昭和十年（一九三五）に雑誌「改造」で児童小説を書き、世に出ている。確かに、紹介されるストーリーを見ていくと、戦前の牧歌的かつ民話的で、人間味に溢れた作品が、急激に国体原理主義の宣材物と化したことがわかる。

著者はなぜ、と問う。と同時に、もし自分がこの時代に生きていたら、やはり似たような作品を書いただろうか、とも問う。そして「私は臆病な小心者」だから書いただろうと答える。とはいえ当時の少国民として、彼らの作品を許すか否かは別問題だと記し、強烈な自戒としている。

（朝日新聞　２０１１年2月6日）

山本周五郎
『山本周五郎戦中日記』
角川春樹事務所　２０１１年12月

伊藤整（一九〇五―六九）、高見順（一九〇七―六五）など作家たちの「太平洋戦争下の日記」に、新たな記録が加わった。とはいえ、実際は飛び飛びに書かれたもので、記録よりは記憶、あるいは覚悟を知るためのノートと言っていい。

ただし、昭和十七年（一九四二）四月、十八年十一月、十九年十月から二十年一月まではほとんど連日、戦時下の生活や戦争観などを記している。なぜだろう、と読み進めると、答えが見えてくる。

　山本周五郎（一九〇三―六七）は「生死の観念」の超脱を目指すも、覚悟が定まらないまま、自らの心情を透視しつづけていた。しかし「直接の目標を持たぬため」、妻子を守るなど「独善的な欲望」に囚われていることに気づき、この思いが前記の期間の集中的な筆の運びにつながった。そして昭和二十年二月一日、「次代の同胞に呼びかけるより他に救う道はない。生きてある限り、それを目標に仕事をする」との境地に辿り着く。戦争に対する作家の向き合い方に、ふと戦後の作品が重なる。重い読後感だ。

（朝日新聞　2012年2月19日）

辻井喬

『私の松本清張論　タブーに挑んだ国民作家』

新日本出版社　2010年11月

　私論だが、著述家の業績評価には、同時代的褒貶、蓋棺事定、歴史的評価という三つのベクトルがあると思う。棺に蓋をして声望が整理され、やがて歴史的存在に落ち着く。しかし松本清張（一九〇九―九二）は、残した作品の量と多様さゆえに、各ベクトルの幅の広がりに幻惑され、歴史的存在に落ち着かせる道筋も、なかなかつけ難い状況にあった。

　著者の辻井喬（一九二七―二〇一三）があえて「私の」と冠した本書には、その道筋が示されている。個人の視点や作風、近代日本文学における独自の系譜などを示唆的に書き留めたという意味だ。道筋を整理するための必須要件が詳述されているわけではなく、アプローチの方法は「読者のみなさん」に委ねられているのだが、著者の用いる「集合的無意識」という語に、最も重要な方向性が示されている。

　ユング（一八七五―一九六一）の用語に対する著者独自の理解について簡単に言うと、社会的タブーの「暗黙の了解」だ。近現代の政治権力は「集合的無意識」を巧みに利用したと著者は分析している。ところが、清張はこの「暗黙の了解」から「自由な作家」だったと位置づける。清張文学の特質が平和主義、平等主義という戦後の日本国民の時代的感性と一体化していたがために、大衆性を獲得し、ゆえに社会派だったとの論は、いずれ「歴史的評価」の骨格になることが予見される。

近現代に対する不信は清張史観とも言えるが、それを著者のように明確に指摘した論はなかった。さらに、清張作品が近代日本文学の欠落部分を補う役割を果たしたとの見解も重要だ。「人間の心の葛藤を中心に描く」明治以後の純文学に、清張は推理小説の形で対峙した。著者の言うとおり、清張が「社会の腐敗や権力の横暴、強者の非人間性」に正面から取り組んだことは特筆すべきだろう。

三島由紀夫（一九二五―七〇）、大岡昇平（一九〇九―八八）、平林たい子（一九〇五―七二）、司馬遼太郎（一九二三―九六）といった作家との対比、対立、あるいは違いの説明も納得がいく。著者の意図は、各作家の清張観を通して、彼ら自身の文学観、歴史観を浮かび上がらせることにあった。清張はリトマス試験紙のような役割も果たしたのだ。

（朝日新聞　2011年1月23日）

鷲巣力

『加藤周一を読む　「理」の人にして「情」の人』

岩波書店　2011年9月

同時代の一著述家の評論や小説にふれつづけるという体験は、自らの成長を確認する意味でも極めて貴重だ。戦後社会にあって、加藤周一（一九一九―二〇〇八）の存在を羅針盤のように受け止めていた者は多いのではないか。かく言う私もその一人だった。

加藤の知的関心は八十九年の生涯にたっぷりと詰まっている。担当編集者でもあったジャーナリストの鷲巣力（一九四四―）は、加藤の業績のすべてを見事に整理、分析している。加藤は自らの体験と時代背景を透視することで浮かび上がるこの国の歴史と、先達の重厚な生き方を常に根底に据えていた。先達とはたとえば、自身と経歴の似る森鷗外（一八六二―一九二二）、斎藤茂吉（一八八二―一九五三）、木下杢太郎（一八八五―一九四五）を指す。加藤は三十代でのフランス留学をはじめとする海外体験を通して、「雑種文化」と位置づけた日本のそれと向き合い、「比較」の視点を獲得したと著者は指摘している。

本書の骨格は、二十世紀を知識の総合体として生きた教養人の実像に迫る点にある。天皇個人から切り離す天皇制、戦争、日本人、近代、芸術、古典とあらゆる分野を読み、書き、論じた姿勢には「整合性を備えたものに美しさを感じ、強く惹かれる思考と感性」があったと著者は説いている。加藤の性格、文章、発想には、畏敬したサルトル（一九〇五―八〇）の思考、抽象性と具体性の往復運動があったとも言う。

加藤という知識人のいた二十世紀日本の文化空間、視点も論点も決してブレなかった姿勢は、後世の評価を受けつづけることだろう。近代日本人の死生観、日本文化における「今」の尊重としての時間と「ここ」の尊重としての空間、思想史に一貫性を求める視点、親友の戦死に思いを馳せた憲法九条の会の呼びかけなど、未来にあってもなお、加藤の論理体系と行動規範は、強い伝達力を持つと思われるからだ。

（朝日新聞　２０１１年11月６日）

玉居子精宏
『戦争小説家　古山高麗雄伝』
平凡社　２０１５年８月

古山高麗雄（一九二〇―二〇〇二）は、平成十四年（二〇〇二）一月二十六日に「孤独死」という随想をある新聞の夕刊に書いた。そして四十余日後の三月十一日に、自宅で孤独死をした。

古山の人生には「戦争」「孤独」そして「運不運」といった語が重なる。八十一年の歩みは、自らの魂との対話だった。朝鮮で医師の子として生まれ、三高に入学するも成績劣等、素行不良で退学、第二師団に一兵士として入隊、東南アジア戦線で従軍した。

ノンフィクション作家の玉居子精宏（一九七六―）は、作品にふれただけという関係性を起点にこの「評伝」を書いたわけだが、作品を分析し、取材を重ねることで、古山の心の深奥に入り込んだ。

古山には皇軍兵士として、戦争を通じて人間の本質を見たという懊悩があった。戦後は河出書房や『季刊藝術』での編集者生活などを経ながら、戦争体験と向き合い、「自分に書けることが何であるか」を考えつづけた。晩年の戦争三部作『断作戦』(一九八二)、『龍陵会戦』(一九八五)、『フーコン戦記』(一九九九)の執筆に至る道筋の記述には、著者の優しさ、畏敬の念が滲む。

(朝日新聞　2015年10月25日)

谷口基
『戦後変格派・山田風太郎　敗戦・科学・神・幽霊』

青弓社　2013年1月

山田風太郎(一九二二―二〇〇一)は多くの貌を持つ作家だ。推理、SF、時代、科学、怪談、信仰の小説を書いている。また、時代を透視する評論などもある。本書は山田の多面性を一つ一つ丁寧に分析、解説した労作だ。

日本近現代文学の谷口基(一九六四―)は「元医学者山田風太郎、しかしその魂はあくまでも文学者のものだ」「風太郎文学における歴史認識の基準にはまず、「太平洋戦争」がある」「山田風太郎の文学にみられる反近代、反科学の思想は、合理主義対精神主義の二元論的世界観に基づくものではない」と述べ、分析の際の尺度としている。説得力ある文学観、歴史観で、鋭い記述だ。

書名にある「変格派」とは、先達が論じた戦前の探偵小説をめぐる「本格派」に対する区分の概念だが、著者はこの論を冒頭で踏まえつつ、山田は区分など超越した「戦後文学」の「変格派」だと訴えている。

「敗戦小説」「性的科学小説」といった語の用い方や、聖書に材を取りつつ、聖と性を巧みに浮かび上がらせた山田の視点に身を寄せて論じる姿勢は、単なる作家論のものではない。山田と同時代者のように太平洋戦争(一九四一―五)やベトナム戦争(一九五五―七五)を論じ得るのも、敗戦小説に新解釈を見出そうという意気込みゆえのことだろう。戦争で逝った同年代の仲間たちに対する山田の原罪意識を、著者は見抜いたのだ。

戦後のある時期から、山田は忍法小説を書きつづけた。一連の忍法帖は総計で三百万部超のベストセラーになるが、各作品が背景としている時代について、表で示した熱意に打たれる。権力と忍者たちの関係性から「戦中派」の「複雑なまなざし」を読み取るべきだとの指摘に共感する。

（朝日新聞　２０１３年３月17日）

河原宏
『ドストエフスキーとマルクス』
『秋の思想　かかる男の児ありき』
彩流社　２０１２年５月
幻戯書房　２０１２年５月

平成二十四年（二〇一二）二月二十八日に八十三歳で逝った著者の死を惜しむように、二冊の書が刊行された。両書のテーマは、「生きる価値とは何か」「人と人との紐帯（ちゅうたい）としての「信」は可能か」といった、思想家河原宏（一九二八―二〇一二）自身の、青年期の戦争体験に基づく問いに収斂（しゅうれん）されよう。

敗戦時は十七歳で、海軍機関学校の生徒だったという。「天皇」のために死ぬとは思っていなかったが、「国」のために命を捨てることが、自問自答の末に辿り着いた生の意味だったと明かしている。しかし敗戦という事態を前に、十七歳だった著者は、大人がつくり出した価値を一切信じない、「無」からの出発を意識した。「信」という紐帯の瓦解を見てしまったのだ。

両書とも、晩年においてなお「無」を意識し、「信」を求めて思想家や文学者、さらには中世の武将、江戸期の芸術家たちの軌跡を追い、彼らの心情を探りつづけた、著者の試みの記録と言えよう。あるいは、戦中派の政治学者の人間像を明かすことで、次代への強烈なメッセージを発したとも言えようか。私は、苦悩した世代の研究者の自画像を読み取った。

『ドストエフスキーとマルクス』は、十九世紀を生きたこの二人の思想家の、目指したものを追い求めた書だ。狭義の政治学者の方法論では決してなく、自らの感性を軸にしており、意外な発見を教えてくれる。たとえば、マルクス（一八一八―八三）の説いた疎外の説明が、実はドストエフスキー（一八二一―八一）の作中の人物の台詞と驚くほど似ているとの指摘で、無神論の根拠たり得る。また、ドストエフスキーは神、人、物、無の連鎖がつくり出す「人神」を言い、マルクスの「人神」は、金を神と崇めるブルジョアジーを指すと分析したうえで、二人の無神論や革命論が、二十世紀には悲劇に変わったと説く。その論理を具体的に確かめていくと、二人の思想家を再生させようとする意思と、著者自身の死生観が色濃く見えてくる。むろんマルクスの革命理論への共鳴ではない。マルクスは革命を通じ、ドストエフスキーは神を通じ、「共に自分の信念を貫くことで人と人との間の『信』の回復を求めていた」との結語は、まさに現代への問いかけだろう。

死生観は『秋の思想』を貫くテーマでもある。書名の「秋」は季節ではなく、ある時代への挽歌が込められている。旧幕臣の敗者の美学に共鳴する一方で、深沢七郎（一九一四—八七）を取り上げ、独自の文化の創造を訴える。生者を「死すべき者」、死者を「生くべかりし者」と捉える視点に、著者の世代体験の重さがある。この想いを読み取る者が、河原宏を先達として遇するのだろう。

（朝日新聞　２０１２年7月22日）

内藤千珠子
『愛国的無関心　「見えない他者」と物語の暴力』
新曜社　２０１５年11月

本書には二つのキーワードがある。

一つはタイトルの「愛国的無関心」。「現在の愛国的空気」について、日本文学者の内藤千珠子（一九七三—）は「近代日本の帝国主義に基づく無関心に起因」するものと定義している。

もう一つは「伏字的死角」。近代日本では「○」や「×」といった伏字を、編集者や作家が自主的に使った。著者は伏字を「見えなくされた意味があることを表示する記号の場所」と呼ぶ。その論はなかなか難解だが、読んでいくと、帝国主義的ナショナリズム批判の言語論、文学論といった本書の性格がしだいにわかってくる。

著者によれば、ヘイトスピーチを声高に叫ぶ人は、名指しで批判する「在日」や特定の国をイメージでしか見ておらず、何ら実態を理解していない。咀嚼不充分なのはもちろん、さらに言えば、私たちが日常で用いる日本語のなかにも「伏字的死角」があり、帝国主義の歴史観が相変わらず宿っていると説く。その実証のために、数多くの近現代の文学作品を取り上げ、登場人物を分析している。

たとえば、幸徳秋水（一八七一―一九一一）や大杉栄（一八八五―一九二三）の軌跡を追う作品では、彼らの周辺にいた女性について考察する。中森明夫（一九六〇―）の『アナーキー・イン・ザ・ＪＰ』（二〇一〇）では、生き返った大杉栄が主人公の現代的生を確認するのだが、それを詳細に分析したうえで、「物語の差別を変奏し、強化している」と突き放す。

現代作家が描く人物のなかに、記号化した存在や「伏字的死角」がいかに多く見られるかとの指摘には、文学が身近ではない者でも頷かされる。

また、谷崎潤一郎（一八八六―一九六五）の『痴人の愛』（一九二五）におけるナオミの描き方を通しては、「劣位に置かれる側はつねに、逆転の力学を欲望する」と見る。そして、日本のナショナリズムは逆転を必要としたと考察し、帝国と植民地の関係を論じる。

「日本語の基層」は他者を見まいとする「伏字的死角」に支配されている、との見方が新鮮である。

（朝日新聞　２０１６年１月17日）

荒川洋治
『霧中の読書』
みすず書房　２０１９年10月

少年期より小説、詩歌に親しんだ現代詩作家荒川洋治（一九四九―）の、文芸をめぐる四十五篇のエッセーを収めている。多くの作家の作品を通して学び、人生の指針としたことの骨格を、丁寧に書き込んでいる。

昭和と平成の文学について「活版とオフセットのちがい」と説くなど、含蓄に富む視点がいくつも示される。活版の時代は、活字をひとつずつ職人が拾いあげるので、書く側も正確に、間違いなく書こうとした。しかし平成はパソコンの時代。著者は、活版からオフセットへの移行期、昭和五十五年（一九八〇）以後十五年間の作家と作品をリストで示す。やがて書物への気持ちがうすまるだろうとの見方は新鮮だ。

色川武大（一九二九―八九）の文章の良さ、田山花袋（一八七二―一九三〇）の『田舎教師』（一九〇九）における地理を巧みに生かした手法、そして芥川龍之介（一八九二―一九二七）、高見順（一九〇七―六五）、吉村昭（一九二七―二〇〇六）、横光利一（一八九八―一九四七）、木山捷平（一九〇四―六八）、後藤明生（一九三二―九九）、アーサー・ミラー（一九一五―二〇〇五）、モーパッサン（一八五〇―九三）、川上未映子（一九七六―）、井原西鶴（一六四二―九三）などに筆は巡る。本書の魅力は、簡潔な文章に滲んだ、読書家の人生訓の味わいにある。

（朝日新聞　2019年12月14日）

野坂昭如
『シャボン玉　日本　迷走の過ち、再び』
毎日新聞社　2014年9月

あの戦争は着実に、同時代史から歴史へと移行している。しかし、かつての軍事主導体制が現出させたあれこれの光景は、今も老作家の脳裏に沈殿している。そんな光景をなぞりながら、現代を浮き彫りにする時評集である。

新聞連載だから一項二千字程度だが、七十三本のどの項からも、著者野坂昭如（一九三〇―二〇一五）の至言を汲み取ることができる。

特定秘密保護法については「このお上の暴挙暴走は大日本帝国の二重写し」、集団的自衛権の行使容認については「軍事国家というものは基本的人権の抹殺を意味する」といった具合だ。

そして、敗戦の記憶を辿る筆は、「戦争がいかに愚かであるか、数えきれない犠牲を出しながら何も伝わっていない。そのしるしが現首相の言動に表れている」との言葉に落ち着く。

「ぼくらは戦後の歪（ゆが）みを背負っている」「まだ平和や民主主義に飽きるには早過ぎる」「過激な〈言〉ほど耳ざわりがいいのだ」「農の崩壊は地域の過疎化を招き、都市中心の歪（いびつ）な姿を生んだ」「日本古来のお正月文化は、もってあと数十年か、早ければ数年で消える」。こんな言葉に接するうちに、本書の真の意義も見えてくる。

一時代を画した作家は、憲法、政治、原発、地震、農、高齢化社会、そして日本という国に対する、自らの感性を土台に据えての覚悟を、歴史のなかに託している。生真面目な姿勢に、心を打たれる。

平成十五年（二〇〇三）に脳梗塞で倒れて以来のリハビリ生活で、著者の骨格になっていたのは、過ぎしことすべて我が血肉なりとの人生観だったと思える。日本人の国民的性格は変わったとの認識は、著者と同時代を生きた者なら理解できる。高度経済成長以後の「今が良ければそれで良い」という上っ面が剝がれた日本社会で「ぼくも含め、少年よ大志を抱けとは、とても言えた義理じゃない」と自省しつつ、野性味を失うなと、若者を励ます。これは遺言とも思えるが、それだけに重い意味がある。

（朝日新聞　２０１４年11月16日）

XV章

……舞台、音楽

山口昌男

『エノケンと菊谷栄　昭和精神史の匿れた水脈』

晶文社　2015年1月

長年、故人が思いを込めて書いてきた稿を、編集者が整えて刊行した書だ。文化人類学者の著者、山口昌男(一九三一―二〇一三)は、たまたまエノケンこと榎本健一(一九〇四―七〇)に菊谷栄(一九〇二―三七)という座付き作者がいたことを聞き、それが執筆の動機となった。

喜劇王と座付き作者の足跡を追い、二人の才能を説き明かして、大衆演劇の裏側、大正、昭和初期の浅草レヴューの内実を描こうとしているが、志を果たせずに逝った著者の無念が随所に窺える。

菊谷は青森生まれ、地元で製図工として働くが、やがて上京し、日本大学に入学する。友人の縁で歌舞伎に目覚め、エノケンと知り合い、浅草へ。レヴューの台本を書き、昭和初期には「エノケンなくして菊谷なく、菊谷なくしてエノケンはない」と言われた時代を築く。

著者はエノケンの前半生を丹念に追いがら、日本のレヴュー史の変遷、また、どのようなテーマ、内容が好まれたかも紹介している。エノケン一座を通しての、芸人たちの離合集散、アメリカものを求める観客のことなどにもふれる。とくに、「契約」とは別の次元にいたエノケンを、「資本制に基づいて行動する人間だったら、あのように魅力ある演技者にはならなかったろう」と分析していることは、考えさせられる。重要な指摘だ。また、アナーキーな活力を保障した浅草と、小林一三(一八七三―一九五七)の「教育者的合理主義に基づく資本制の精神」から生まれた宝塚とは異なるとの考えも、充分に納得できる。

本書のもう一つの特徴は、久松一声(一八七四―一九四三)、蘆原英了(一九〇七―八一)、村山知義(一九〇一―七七)といった同時代の演劇人が、エノケンをどう見たかを紹介している点だ。菊谷については、劇評家の友田純一郎が、日本の新しいレヴュー・オペレッタをつくる才能があったと賞めている。それだけに三十代半ばで戦死した菊谷が痛ましい。

(朝日新聞　2015年4月19日)

小針侑起
『あゝ浅草オペラ　写真でたどる魅惑の「インチキ」歌劇』
えにし書房　2016年5月

サブタイトルの「「インチキ」歌劇」は、芸能史評論家の小針侑起（一九八七―）によると、昭和初期から使われていた語だそうだ。お高くとまった帝国劇場歌劇部に抗する意味、あるいは「ペラゴロ」と称した浅草オペラの熱狂的ファンの意地の現れなのだろう。

大正時代の浅草オペラ史を俯瞰した本書は、この庶民芸能がジャンルとして確立する変遷はもちろん、裏側も丹念に見ていく。アバンギャルドとしての風刺オペラ『トスキナ』（一九一九）では、特高警察といかに対峙したかを描く。さらに、最も数多く上演された『女軍出征』（一九一七）に関するエピソードなど、興味深い史実を紹介していく。『女軍出征』については、脚本も九ページ余にわたり収録し、女性蔑視時代の日本社会を率直に語っている。

若い著者だが、過ぎし時代の微妙な空気も理解し、筆を進めている。最終章の、浅草オペラスター三十六人の人生模様を語った愛情溢れる表現が、著者の視点を示していよう。

（朝日新聞　2016年7月17日）

堀川恵子
『戦禍に生きた演劇人たち　演出家・八田元夫と「桜隊」の悲劇』
講談社　2017年7月

演劇人がいかに時代の波に翻弄されたか、演出家八田元夫（一九〇三―七六）の人生を繙き、近代日本の新劇の歴史を俯瞰している。テレビのドキュメンタリー番組を制作しながら、ノンフィクション作品を発表してきた堀川恵子（一九六九―）が、八田の膨大な遺品を基に書き上げた。

八田と同時代人の丸山定夫（一九〇一―四五）、三好十郎（一九〇二―五八）、先輩にあたる土方与志（一八九八―一九五九）など多くの劇作家、俳優たちの姿、「舞台」そのものが権力の監視で歪（ゆが）んだ空間と化していく様子が具体的に描かれる。たとえば、昭和十五年（一九四〇）の演劇人一斉逮捕での容疑の一例は、日本の親子の情を天皇と臣民の関係になぞらえ、舞台で親子が親友の如く会話をするのは国体の破壊だというものだった。

また、昭和二十年（一九四五）八月六日、広島に投下された原爆で、丸山が団長の九人の移動劇団「桜隊」が犠牲になる。団員の一人、女優の森下彰子（あやこ）（一九二二―四五）と、出征中だった川村禾門（かもん）（一九一八―九九）の夫婦愛の描写が感動的だ。

一方、演出家の村山知義（一九〇一―七七）が戦時下、一裁判官から聞いたという、軍が富士山麓にナチスの強制収容所まがいの施設を造り、思想犯の抹殺を企てていた話は、あらためて検証すべき昭和史上の事案だろう。

（朝日新聞　2017年10月1日）

戸ノ下達也

『「国民歌」を唱和した時代　昭和の大衆歌謡』

吉川弘文館　2010年7月

「国民歌」とは何か。近代日本音楽史研究者の戸ノ下達也（一九六三―）は「国家目的に即応し国民教化動員や国策宣伝のために制定された国もしくは国に準じた機関による『上から』の公的流行歌」と解く。国民歌謡、軍歌、戦時歌謡、必勝歌などさまざまな言い方をされるが、要は国家総力戦の「音」「歌」を指すわけだ。

本書はとくに昭和の戦争に伴う国民歌の、各作品の時代背景を説いている。また、昭和十六年（一九四一）十一月に内務省情報局と文部省により設立された日本音楽文化協会をはじめ、新聞社や出版社などが、戦意高揚歌をどのように国民に歌わせたかを明かしている。

たとえば、昭和十二年（一九三七）に作られた「愛国行進曲」については、歌詞の公募状況、審査員の氏名、販売時の人気などを通して「挙国一致」が解説される。戦況の悪化がもたらした国民歌の変化についても説明は具体的だ。

ただ、史実の記述に乱暴な表現があり、説明が皮相的な面もある。事典風に整理したせいか、より詳細な解説が欲しいところもある。とはいえ著者も指摘するように、「国民歌を唱和した時代」を歴史化する作業は、今始まったばかりだ。戦意高揚歌から戦時下の姿を炙り出す、その先陣にならんとする意気込みに、拍手を送りたい。

（朝日新聞　2010年9月12日）

井手口彰典

『童謡の百年　なぜ「心のふるさと」になったのか』

筑摩選書　2018年2月

私の本書への関心は、童謡、唱歌に対する日本人のイメージが、「心のふるさと」に収斂（しゅうれん）されることへの疑問から来る。その疑問に音楽社会学者の井手口彰典（あきのり）（一九七八—）は丁寧に答えてくれた。

一九三〇年代、駐ドイツ駐在武官の大島浩（一八八六—一九七五）がナチスの高官に気に入られたのは、パーティーの挨拶で、必ず達者なドイツ語で童謡を歌ったからだという。ナチスの高官らは時に涙ぐむほどだったと私は聞いた。童謡を「心のふるさと」と思う気持ちは、国家や民族を問わないのだろう。

平成三十年（二〇一八）は「童謡百年」だという。大正七年（一九一八）の鈴木三重吉（一八八二—一九三六）による「赤い鳥」創刊から数えている。唱歌の誕生からは約百三十五年となる。童謡、唱歌は、各時代の国家目標や新しいメディアの登場などにより、多様な変化を遂げてきた。文語体は口語となった。子供より大人が愛唱するようになった。テレビ番組の「ちびっこのどじまん」（一九六五—九）などを参照し、時代の要請に応えてきた童謡の変遷を、本書は辿っていく。童謡が「日本人の心のふるさと」になった過程を、本書は分析していく。

大正期の童謡運動の牽引者たる北原白秋（一八八五—一九四二）は、新たに創作するものと在来のわらべ唄には、日本の伝統に連なる一貫性が必要だと主張し、

「郷愁」を重視した。むろん「郷愁」には大人こそ魅かれる。ゆえに「兎追いしかの山　小鮒釣りしかの川」の記憶に、胸が熱くなるのだろう。この「故郷」（高野辰之作詞　岡野貞一作曲　一九一四）が発表された大正期は、童謡史において重要な意味を持つ。

白秋は、子供は無垢なだけでなく、残虐性を持ち合わせていると説いた。その思いは童謡「金魚」の歌詞によく表れている。母親が外出して戻らないことへの悲しみから、子供が金魚を殺す。残酷だとの批判に、主題は「母への思慕」だと白秋は説明している。なお「金魚」は、大正八年（一九一九）の「赤い鳥」六月号の掲載だ。

童謡の両面を正確に捉えた著者の記述には、複眼的な広がりがある。本書は、時代や社会の変化で、童謡がどう歌われ、どう消費されるようになったかを分析している。と同時に、童謡が、国家権力の示すナショナリズムとも一体化する危険性を、浮かび上がらせている。

（朝日新聞　２０１８年４月14日）

太田省一
『紅白歌合戦と日本人』
筑摩選書　２０１３年11月

冒頭に「私たち日本人が六〇年以上にわたって『紅白』を見続けてきたのは、そこに〈安住の地（ホーム）〉を見出してきたから」との一節がある。この「安住の地」という言葉は何度も使われ、末尾の締め括りにもなっている。「安住の地」というキーワードには多様な意味が託されている。共同体、ナショナリズム、あるいは歴史という語をあてはめてもいい。

「紅白歌合戦」は占領期の昭和二一―六年（一九五一）のラジオ放送から始まったわけだが、それ以前より伏線があったことなどが語られる。伏線とは、ＧＨＱの思惑に抗したプロセスで、誕生秘話なども明かされる。

戦後史としてこの歌番組の軌跡を辿ることで、社会学者の太田省一（一九六〇―）は三つの試みを行っている。日本社会における故郷の喪失と再生、戦後歌謡史の歩み、歌詞を通しての心情といった、三つの事案の分析である。紅組司会が宮田輝（一九二一―九〇）という男性アナウンサーになった時。中村メイコ（一九三四―）という司会者が「等身大の主婦」だった時。歌手が出場を断らなくなった時。また、農村の過疎化を意識して村祭りの如き演出をするようになった時。人生の応援歌として人びとを励ますことを狙うようになった時。この歌番組はさまざまな局面に応じ、自らの役割を意識して、時代のなかで変わっていった。

緻密な調査かつ具体的な分析で、さらに著者自身の心情も窺えるので説得力がある。戦後日本の正直な姿が巧みに語られたりもするので驚かされる。

たとえば、昭和五十二年（一九七七）の紅白では、軽くなりつつあった演歌に抗うように、ちあきなおみ（一九四七―）が「夜へ急ぐ人」を歌い、司会の山川静夫（一九三三―）が「何とも気持ちの悪い歌ですねえ」と洩らした。この山川の発言にこだわる著者の眼は、「紅白歌合戦」という番組の本質に迫っている。それは永六輔（一九三三―二〇一六）や阿久悠（一九三七―二〇〇七）の歌詞の紹介にも、フォークソングをめぐる語り口にも表れており、日本人が求める大晦日の儀式としての「安住の地」を浮き彫りにする。「安住の地」とはまさに、保守主義的基盤だったわけだが、そう認識すると、とくに平成二十四年（二〇一二）の、美輪明宏（一九三五―）の「ヨイトマケの唄」（一九六六）をめぐる記述に感動させられる。

（朝日新聞　２０１３年12月22日）

XVI章

……共同体、ナショナリズム、3・11

赤坂憲雄
『婆のいざない　地域学へ』
『旅学的な文体』

柏書房　2010年3月
五柳書院　2010年3月

「わたしは東北をフィールドにして、宮本常一のいう〈歩く・見る・聞く〉を自分なりのスタイルで実践してきました」

著者の赤坂憲雄（一九五三―）は、一九九〇年代から東北を中心に「聞き書きの旅」を続けてきた民俗学者。東北学を立ち上げた在野色の濃い研究者とも位置づけられる。期を同じくして刊行された二書のうち、『婆のいざない』はその研究成果を平易に説明したもの。『旅学的な文体』は旅によって何かを見、何かを学んだ旅師たち二十六人の紀行文などを解析しつつ、自らが足を踏み入れた村の風景や習慣を丁寧に説き明かした書だ。

民俗学にとって「聞き書き」は基礎的な営為だ。著者も言うように、インタビューや聞き取り調査とも異なる。農家など庶民三百人余の聞き書きをして辿り着いた結論がある。聞き書きとは「何か精妙な生き物のごときもの」との言は、内的な強い問いかけを含んでいる。

二書を読んで抱くのは、近代などわずか百年余、江戸の幕藩時代とて三百年足らず、ムラに生きる人びとには、一万年続いた縄文時代からの意識、生活習慣が脈々と受け継がれているとの実感だ。とはいえ、日本文化の起源を縄文時代に求めるのは誤りで、そこには「国境」などなく、つまり「日本」は存在しなかった。

二書で著者は重要な指摘をしている。産土の地にあっての人生の連環、共同体の信仰、自然との共生が智恵として存在したのに、近代日本は、全国民が「天皇の赤子」だという「言説を捏造」して国民国家を創設した。イエ・郷土・国家を連続したものと捉える国家の側の統合原理にこそ「よじれた逆説」があったと主張している。南方熊楠（一八六七―一九四一）の説を賞揚しつつ、近代日本の錯誤を衝いているのだ。

著者は言う。歴史に向き合う時、「ひとつの日本」という見方ではなく、「いくつもの日本」「いくつものアジア」という多様性を持つことが大事だと。柳田国男（一八七五―一九六二）、折口信夫（一八八七―一九五三）を先達に、宮本常一（一九〇七―八一）のような旅師の存在が民俗学を深化させてきた。それを継ぐ赤坂民俗学が今、確立されつつあるのではないか。

（朝日新聞　2010年5月16日）

R・A・モース、赤坂憲雄 編
『世界の中の柳田国男』
菅原克也監訳　伊藤由紀、中井真木訳
藤原書店　2012年11月

編者のモースらは柳田国男（一八七五―一九六二）を「知の巨人の一人」と評する。柳田の存在と研究は単に日本だけの遺産ではなく、世界的な意味を持つというのが本書の訴えだ。十一人の外国人研究者と二人の日本人研究者が、各自の視点で柳田の肖像を描き出している。「世界の中の」とあるとおり、外からの眼で捉えられた多様な肖像の提示に紙幅が割かれている。礼賛、称揚には傾かず、短所やその学問の限界まで具体的に抽出しているので、あらためて柳田像を見直すことになる。

著述が膨大なうえ、独自のフィールドワークや口承重視の研究など多様な経歴を持つ柳田は、国家が押しつけるナショナリズムとは一線を画したとの論点が示されている。一九二〇年代初頭に国際連盟の委員としてジュネーブに滞在したことが、学識を広げたとの見方も興味深く、著書『桃太郎の誕生』（一九三三）は、ヨーロッパと日本の物語の関係性に注目したものだという。また、比較研究中心のヨーロッパ流フォークロア（民俗学）との決別について、それ自体は「西洋への反逆」だったとの分析にも合点がいく。文体については、文語本来の力である荘厳さや奥行きの深さを利用して読者の感情を呼び覚ますとの説も納得できる。郷土研究から民俗学へと段階を高めた柳田への評価も頷ける。

本書に執筆したどの研究者も柳田民俗学に深い関心を寄せており、実に驚かされるのだが、とくに『遠野物語』（一九一〇）は格好の分析対象として、より深く掘り下げられている。柳田の試みを「国家に内在する異界の異国化」と見る研究者、「文才と詩人としての力量」は「写実主義的な語り」による真実性の追求で得られたと説く論者、各人各様の見方は、日本社会が見落としていた論点への足がかりともなり得る。

一方で、「家族」を強調する余り、日本社会の多様な人間関係を単純化していないか、情緒に訴える書き方は、批評的判断が疎かにならないか、といった批判もある。柳田の著作は「世界の古典」になり得るのか、注視していたい。

（朝日新聞　2013年1月27日）

島薗進
『日本人の死生観を読む　明治武士道から「おくりびと」へ』
朝日選書　2012年2月

「近代の死生観表出のさまざまな様態」を見つめたと、宗教学者の島薗進（一九四八―）は言う。なるほど、宮沢賢治（一八九六―一九三三）、加藤咄堂（一八七〇―一九四九）、新渡戸稲造（一八六二―一九三三）、藤村操（一八八六―一九〇三）、志賀直哉（一八八三―一九七一）、柳田国男（一八七五―一九六二）、折口信夫（一八八七―一九五三）、吉田満（一九二三―七九）、高見順（一九〇七―六五）など多様な人物が説いた死生観の意味とその背景を描きつつ、日本人の死に関する意識がどう変容してきたかを丁寧に論じている。具体例を引いているだけに、読む側も死生観の形成過程を思わず問い直したりする。

印象的なのは、宮沢や志賀、柳田、折口に見る独特な死生観の分析、仏法の教化者加藤の論説を詳細に透視しての解釈などだが、最も惹かれるのは、明治国家が、祖霊信仰を持つ共同体や「氏神＝家の神＝先祖の集合体」に課した儀式が、必ずしも常民の信仰とは一体でなかったとの指摘だ。柳田の論を紹介するこの部分はきわめて重要だ。全体に記述が直線的でない分、著者自身の死生観も窺え、共感を覚える。

（朝日新聞　2012年4月15日）

湯沢雍彦

『大正期の家族問題　自由と抑圧に生きた人びと』

ミネルヴァ書房　2010年5月

「家族に関係するあらゆる出来事」を大正期に限って俯瞰してみようというのが本書の狙いで、目次が魅力的だ。新聞家庭相談、自由恋愛、下層家族、家族紛争、新中間層の女性、新しい家族などなど、九ページにわたって章題から中見出しまで網羅している。このテーマに関心を持つ人には入門書としての意味もあろう。

家族社会学者の湯沢雍彦（一九三〇―）は直接言及しないが、大正期には「市民」としての自覚を持つ知識層や新中間層が明らかに存在した。彼らは半面、家族共同体に依拠しつつ、生活者としての日々を送る層とは分けられ、これを前提に、各家庭にどのような問題が内在したかを本書は伝えている。時に具体的な人名を示し、そのケースを基に論を展開させるので、著者の考えはよくわかる。岡本一平（一八八六―一九四八）の家庭が持つ「対等と自由の空気」、柳原白蓮（一八八五―一九六七）と宮崎龍介（一八九二―一九七一）の恋愛が意味する「大正自由主義」、長男の心中事件に困惑して公職を退こうとした北里柴三郎（一八五三―一九三一）に見る家制度の健在ぶりなどが論じられる。

新聞の家庭相談の内容、当初は記者が担当したその返答側の思考や発想、借地借家問題の背景にあった大正成金の買い占め、電話交換手など職業を持った女性たちの意識、「有閑夫人」や「女房」とは別の概念の、給与生活者の登場による「主婦」の存在といったトピックからは、時代の変化を読み取ることができる。結婚についても、婿が一定期間、嫁の家に通う足入れ婚の常態化、離婚の形式の変化、非嫡出子に対する寛容など、抑圧の裏側に意外と逃げ道をつくっていたことがわかる。また、農家の嫁の苦労を紹介しつつ、妊娠、出産で「地位がかなり安定」するとの見方も示されている。

興味深かったのは、大正期が「老人権承認の時代」だったことだ。老人が経済的生活を要求するのは当然の権利で、今日に生かされるべきだと著者は示唆している。

読後、「市民」の芽がなぜ踏み潰されたのか、昭和がなぜ「臣民」の時代になったのかを、思わず自問したくなる。

（朝日新聞　2010年7月4日）

綱澤満昭『農本主義という世界』

風媒社　2019年7月

近代合理主義が排除してきた民衆の「情念」はどこへ向かうのか。その思想的意味はどこにあるのか。近代的「知」への疑念を抱き、「農本主義」の今日的意味を問いつづけてきた、近代日本思想史研究者の綱澤満昭（一九四一―）による一冊だ。

冒頭、戦後日本の農本主義研究の俯瞰図を描いている。総じて農本主義は、天皇制国家の支配理念だったとの認識が軸となるが、反近代、反国家思想の敗北の構造を分析する重要性も説いている。

本書は著者の研究の集大成で、近代日本の農本主義者たちの思想や動向を、関心の枠内で丁寧に記している。論壇で大きな影響力を持った丸山眞男（一九一四―九六）とは一線を引いた姿勢も注目される。

著者には農本主義の思想家、権藤成卿（一八六八―一九三七）を研究した書もあるが、権藤の提起したさまざまな問題が解明され得たか否かは本書でも説くところだ。権藤の思想の核たる「社稷」とは、広義には「天皇」「社会」を意味するが、その理念と柳田国男（一八七五―一九六二）の「常民」との関係を論じたところが興味深い。

柳田には「祖先との共生の国家」という視点があり、これを分析していくと、権藤の社稷思想が国家超越の地点に辿り着くことがわかると、著者は説明する。常民の生活に魂を揺さぶられたその先に、社稷の自治の光景が見えるというのだろう。

権藤と柳田の共通基盤への着目のほか、石川三四郎（一八七六―一九五六）や岩佐作太郎（一八七九―一九六七）らを例に、社稷思想がアナーキストとどう交錯したかも論じている。岩佐は農本主義者ではないが、著者は彼の反国家、反権力思想の母体に、日本の伝統的農耕社会の倫理を見出している。と同時に、「擬装的日常性」という語を用いた分析も刺激的だ。

昭和恐慌期は多くの農本主義者を輩出した。なかには国家改造運動に連動した者もいる。権藤のほかには橘孝三郎（一八九三―一九七四）、岡田温（ゆたか）（一八七〇―一九四九）、山崎延吉（のぶよし）（一八七三―一九五四）らの存在が挙げられるが、では、なぜそのような状況が生じたのか。都市中心主義、個人主義、知育偏重、西洋科学技術文明などが共通の敵で、精神の拠りどころとなったのが「皇道文明」だと著者は見る。五・一五事件（一九三二）後、橘が天皇論の執筆を終生の責務としたことに、それが窺えるとも言う。

本書の魅力は、著者の研究事跡に裏打ちされた視点の深さだ。国家を超える自治社会の光景が見えてくる。

（朝日新聞　2019年8月31日）

野本寛一『近代の記憶　民俗の変容と消滅』

七月社　2019年1月

かつての日本の共同体には、いくつかの特徴的な環境や伝統と称される約束事があった。時代の変容でその環境は失われ、儀式なども少しずつ欠けていった。著者野本寛一（かんいち）（一九三七―）の民俗学は、この記憶を丹念に聞き取り、記録として残した。記憶は記録されることで「省察と建設の活力源となる」。

本書は二部構成で、Ⅱの「イロリとその民俗の消滅」の記述が多面的で興味深い。日本人は近代以降も囲炉裏を守り、生活上の機能を分化させ、利用してきた。しかし今、囲炉裏のある家は珍しい。囲炉裏の喪失は日本人に何をもたらしたのか。著者は方々を訪ね歩く。

囲炉裏の名称は各地で異なるが、ヨコザと称する土間に対しての上方には一家の主（あるじ）が座るものと、どこでも決まっているという。岐阜県飛騨市など、ヨコザでおしめを替えてはいけないとの伝承がある地も珍しくない。

著者によると、囲炉裏には火所としての強い求心力があった。家族の対話、談笑、団欒の場であり、同時に伝承の場でもあった。しかし、明かりについてはカンテラ・ランプ、煮沸についてはプロパンガス、そして採暖については炬燵などの普及で、囲炉裏に象徴される家父長制度は崩壊していった。新潟県新発田市など地方には残っているところもあるが、その意味は変わってきているという。囲炉裏を通じて子供たちが学んだ火への恐怖心も薄れた、との指摘は頷ける。

本書Iの第一章は、椀、盆、丸膳などを作る職人である「木地師」がいなくなったことを、やはり各地を訪ねて裏づけている。この歴史も、近世から近代へ移る過程で、定住が当然になったことと符節が合う。

木地師に限らず「山に生きる人びとの生業複合」のクライマックスは、昭和十年（一九三五）頃だという。農村における現金収入の増加が理由との見方が示されている。

高度経済成長は日本人の価値観を大きく揺るがし、民俗は変容と衰退を余儀なくされた。山の民俗の象徴とも言えるイロリの消滅、最後の木地師の人生など、人びととの記憶に眠る事象を本書は記録した。民俗学者の筆にはいつも先達への慈愛と愛惜が滲む。

（朝日新聞　２０１９年３月23日）

中井久夫
『災害がほんとうに襲った時　阪神淡路大震災50日間の記録』

みすず書房　２０１１年４月

「緊張はじわーっとぬいてゆくのがよい」「私のいえるのは、まず、被災者の傍（そば）にいること」「評価と感謝の発信は、マスコミに任せられた外交」など考えさせられる金言が、この緊急出版の書からはいくつも発せられている。阪神淡路大震災を体験した精神科医で神戸大学名誉教授の中井久夫（一九三四―）が、平成七年（一九九五）一月の震災後にまとめた論文に加え、平成二十三年（二〇一一）の東日本大震災で思ったこと、考えなければならないことを著しており、時宜に適った識見、助言が示されている。

著者の視点は精神科の臨床面が土台になっているが、天災に遭った時の日本人の落ち着きや連帯感を歴史的に吟味しているので、心に響く金言が生まれる。東日本大震災から十二日目の三月二十二日の記述に、日本は「無名の人がえらいからもっている」と、外国人に答えつづけたとある。その意味を、あらためて私たちも知る必要がある。とくに著者は、戦地で東北人の部隊が略奪行為をしなかったと伝えた中根千枝（一九二六―）の書を挙げ、「勇敢で規律正しいのが東北兵」と評し、日本人を代表する性格は東北人だとの私見を明確にしている。

阪神淡路大震災時の医療現場でのネットワークづくりや、医師、看護師らの献身の様子が、抑制された筆調から浮かび上がる。チームの責任者たる著者も「包括的に承認し、個別的に追認」するとのリーダーシップで対応している。自身が属する精神医療の分野で、患者をめぐる不祥事がなかったことを正確に理解してほしいと訴えている。

もとより緊急時には、役所でも平素から頭の柔らかい人が、さらに柔軟に対応することで、事態を打開し得るとの示唆は、今に通ずる。吉田満（一九二三―七九）、大岡昇平（一九〇九―八八）などの戦記文学を、失敗の本質を学ぶために熟読し、自戒する姿勢、それが著者の人間観、職業観の支えとなっている。

（朝日新聞　2011年5月15日）

船橋洋一『カウントダウン・メルトダウン』（上下）

文藝春秋　2013年1月

平成二十三年（二〇一一）三月十一日を機に起きた東京電力福島第一原子力発電所の事件は、当事者がどのように行動したかなど、次代のために明確に記録されるべき事案である。元朝日新聞主筆の船橋洋一（一九四四―）は誠実に、その役目を担った。

上下巻を読み終えてすぐ、本書の三つの性格が思い浮かんだ。第一は、事故の発端からとりあえずの危機回避までを俯瞰していること。第二は、当事者や関係者を濃密に取材していること。彼らの言動、心理を克明に描写している。第三は、平易な記述が理解をより深めてくれること。この三点により本書は「同時代史の証言」となった。

あらためて多くの事実を知らされる。「木を見て、森を見ることが苦手」な元首相菅直人（一九四六―）。「言われたことを仕方なくやる組織文化」の東電。彼ら当事者の体質はまさに「日本的システム」と言えよう。当時の野党、自民党とて曖昧な情報を基に政争を仕掛ける始末で、挙国一致体制など到底無理だったことがわかる。一号機の水素爆発と海水注入、三号機の爆発。そして二号機、四号機の危機が迫るなか、「日本的システム」は一気に崩壊していった。

国民への情報発信、避難範囲の決定、住民保護に苦悩する市町村長の怒りと涙。本書が明らかにした現実は、太平洋戦争時の指導部の内幕と同じだ。東京電力の体質はまさに関東軍だ。政府およびその関連の原子力機関は、権力を振りかざしながら現実を制御できなかった大本営だ。駐日大使ジョン・ルース（一九五五―）らアメリカ側は、情報開示の不徹底に「日本は支援される作法を知らないのではないか」と不満を漏らしている。

このような危機下でも、第一原発の元所長吉田昌郎（まさお）（一九五五―二〇一三）が示した勇気や決断、「日本のことは日本が守る」と自覚した若手官僚の主体性や政治家の使命感は特筆に値する。今なお残る課題に、彼らの使命感はなぜ生かされないのか。

（朝日新聞　２０１３年３月10日）

福島民報社編集局

『福島と原発　誘致から大震災への五十年』

早稲田大学出版部　２０１３年７月

日本の原子力発電の歴史や立地の経緯を丹念に辿っている。福島県大熊町などの町村が、出稼ぎからの脱却、雇用への期待を軸に、原子力発電所による地域再生の道を模索したプロセスが語られている。

原発関連書は多く編まれたが、本書は福島県の県紙としての視点、地方からの眼差しにこだわり、さらに国、東京電力本社といった「中央」に振り回される立場をしっかり見つめている。原発振興に関わった県知事や県職員、各自治体の首長らの声を徹底して集め、整理分析し、客観的な記述を貫くことに力点が置かれている。

昭和から平成にかけて、福島原発では数多くのトラブルがあった。が、東電の対応は常に二転三転した。そんな東電の体質を「見過ごした国への県や立地町の不満」は潜在していた。本書は用いていないが、「人災」の語が、具体的事例ごとの証言に何度も重なる。東京電力福島第一原発の事故は、中央集権型国家の宿痾だというのが、率直な読後感だ。

（朝日新聞　2013年9月8日）

田中優子
『鄙への想い』
石山貴美子写真　清流出版　2014年3月

W・G・ゼーバルト
『鄙の宿』
鈴木仁子訳　白水社　2014年3月

「鄙」といういささか意味深い語を用いた両書にふれて、知的な広がりを実感する。もともとは単に田舎を意味する語だが、田中優子（一九五二―）は「鄙の本当の存在理由は人を自然界に結びつけ直し、人を「まとも」に育ててゆく力」と見ている。そして、私たちは都会の進歩性に錯覚を抱き、多くの過ちを犯していると説く。

ゼーバルト（一九四四―二〇〇一）の書は、思想家、作家、画家ら六人の創作姿勢、心理の奥深くにまで入り込み、分析を試みたエッセー。ゼーバルト書の「鄙」とはドイツ語の「Landhaus」を指すが、訳者は「田舎屋敷」ほどの意味と説明している。

田中書は、日本の過去、現在に何が欠けているかを検証し、とくに3・11後の社会を丹念に歩いて、「鄙を自然や共同体や祭の根源として捉えられなくなっている」と訴える。徳義を失った政治を嘆き、日本は未だアメリカの被占領国で、地方はただ金儲けのみに奔っていると憂える。「競争に勝つことを生き甲斐とし、勝ち負けだけが価値基準」となっている人間が、日本社会の指導者層を構成しているのではないかとの指摘は納得できる。今、私たちが学ぶべき対象は、江戸時代ではないのか。江戸という都市、社会における自然との共生方法から、多くの知を吸収できるはずだとの言も説得力を持つ。

ゼーバルト書には、作家や思想家たちの、自らの思念を著述するための場との出会いがいかに大切かを知らされる。たとえばジャン＝ジャック・ルソー（一七一二―七八）は、サン・ピエール島へ逃れて「コルシカ憲法草案」を練った。一方、人生の大半を故郷で暮らした詩人のエドゥアルト・メーリケ（一八〇四―七五）は、その作品のすべてに「流浪のスイス女の影が亡霊のように」漂っているが、これもまた鄙が産み出した不可避の感性なのだと。

　鄙が培う生活の規範、倫理を、あらためて己の信条となし得るかと、両書は囁きかけてくる。

（朝日新聞　2014年6月8日）

研究会「戦後派第一世代の歴史研究者は21世紀に何をなすべきか」編

『「3・11」と歴史学』

有志舎　2013年10月

　本書の「はしがき」に「歴史学は、「類」としての「人類」の歩みと、地球、宇宙という意味での「自然」との関係の問題に、正面から立ち向かう必要がある」と記されている。つまり、人類と自然の共生、その紐帯をいかに見つめていくかが、これまで欠けていた視点だという自省である。

　戦後派第一世代とも言うべき歴史学者十六人が集い、シリーズ「21世紀歴史学の創造」の刊行を始めたのが平成二十四年（二〇一二）五月。そして、本巻七冊のほかに別巻二冊が編まれた。本書はこの別巻の二冊目だが、一般にも注目されるのは「3・11」を機に歴史学総体の見直しを試みた点にある。冒頭の論文で、小谷汪之（一九四二―）は、戦後歴史学は科学的歴史学と近代主義的歴史学の「矛盾を含んだ混合物」で、そこに盲点があったと分析している。皇国史観克服のためのマルクス主義への過剰な傾斜を認めたということだろう。

　小谷は原子核物理学者の武谷三男（一九一一―二〇〇〇）を例に論じているが、宮地正人（一九四四―）はそれに反論している。二人の論点をどう読みこなすかが、実はこの書を理解する鍵だともわかってくる。

　一方で、3・11が私たちに突きつけたのは「命」に関わる視点だという伊藤定良（一九四二―）、南塚信吾（一九四二―）、清水透（一九四三―）らの指摘があり、南塚は地球と人類を念頭に置いた「大きなパラダイムの議論」の必要性や自然諸科学との連携、ヨーロッパ的史観などの再検討を訴えている。生殖医療、代理母出産、先端医療に歴史学はどう関わるかの論点も目新しい。

本書は、福島第一原発事故を全体図として見つめ、同時に世界各国の原子力政策がどのような推移を辿ったかに膨大なページを割いている。各国の原子力政策の時代区分などに、歴史学の目が感じられもする。政官産学の原子力関係諸集団が説いた安全神話に、歴史学がどうメスを入れるのか、興味深い視点も提示されている。巻末の核と原発の年譜が貴重である。

なお「戦後派研究会」(略称)のメンバーには、ほか木畑洋一(一九四六―)、古田元夫(一九四九―)、油井大三郎(一九四五―)らがいる。

(朝日新聞　2013年12月8日)

XVII章 ……六〇年安保、そして現在（いま）

佐藤信

『鈴木茂三郎 1893-1970 統一日本社会党初代委員長の生涯』

藤原書店 2011年2月

戦後は私の同時代史である。昭和二十一年（一九四六）に小学校に入学した世代だから、人生の軌跡が戦後社会の歩みと重なる。

その世代にとっての鈴木茂三郎（一八九三―一九七〇）のイメージは二つに絞られる。一つは「青年よ、銃を執るな」の反戦平和。もう一つは容共左派の運動理論。つまり「モサさん」は、戦後社会の革新性を代弁していた。

政治学者の佐藤信（一九八八―）は「昭和のまさに終わらんとする時代に生を享け」た世代で、「モサさん」を通して戦後政治を俯瞰しようと試みているのだが、読み進むうちに、明治、大正、昭和を生きたこの社会主義者が、「歴史」のなかに位置づけられていることに気づく。

著者も指摘しているとおり、戦後社会で重きを成した この政治家の評伝の類は少なく、つまり日本の政治史研究、人物論の対象は、権力を握った者が中心で、野党の側で佇立した者には冷淡なのだと教えられる。

紹介されるエピソードはすでに語られてきたものだが、しかし、鈴木の人格や思想がどのように熟成されたか、という視点で整理してみると、意外な事実が明らかになり、本書の功績であろう。少年期、青年期の経済的困窮、最初の妻ゑんへの愛情、社会主義者として家庭をないがしろにした状況、また、経済に精通した新聞記者、社会主義の理論と現実を確かめるために滞在したアメリカ、ソ連でのこと、それらの事実が一本の幹となっている。また、昭和二十年（一九四五）八月十五日の玉音放送を聴いて号泣する姿から、社会党結成時の役割についても手際よく説明されている。

生涯を貫いたのは共産党に対する不信と嫌悪で、吉田茂（一八七八―一九六七）や鳩山一郎（一八八三―一九五九）とも話が通じた人間的魅力が分析されていると同時に、加藤勘十（一八九二―一九七八）や江田三郎（一九〇七―七七）ら同志に対する度量のなさも提示されており、これは「モサさん」の欠点であった。

著者は冷静な記述に終始しているが、時には高揚した描写も読みたいと思うのは、同時代を生きた者の注文である。

（北海道新聞　2011年5月22日）

鶴見俊輔
『「思想の科学」私史』
『まなざし』

編集グループSURE　2015年12月
藤原書店　2015年11月

六〇年安保時、岸信介（一八六九—一九八七）内閣の強行採決に「国家公務員でいるのが恥ずかしい」と、鶴見俊輔（一九二二—二〇一五）は東京工業大学を辞職、翌昭和三十六年（一九六一）九月に、京都の同志社大学教授へと転じた。

その最初の授業で、私は学生として前方の席に座った。日頃あまり授業には出なかったが、「思想の科学」（一九四六—九六）を発刊させ、「転向」研究書を編むこの教授の見識にふれたかったのだ。ところが授業風景は意外なものだった。驚くほど言葉が少なく、教壇を左右に何度も往き来した。「日本語の思想性についてだが……」と呟いては二、三度往復し、また次の言葉を発するという具合だった。もう半世紀以上前のことなのに、今でも覚えているのは、思想や哲学を表現する言語として、日本語は相応しいかという問いだ。

平成二十七年（二〇一五）七月、鶴見が九十三歳で逝ったとの報に接し、三十九歳だった当時の授業風景を何度も思い出した。『「思想の科学」私史』『まなざし』の二書を繙（ひもと）くと、晩年のさりげない一文、心を許した者との対話に、鶴見の言論活動に関する本質を読み取ることができる。

たとえば『まなざし』の、石牟礼道子（一九二七—二〇一八）を論じた稿で、「日本語と日本文学のつながりを通して、私たちは、日本の伝統をとらえる道を新しく見出す」とし、彼女は開拓者だと称えている。鶴見の心中には、高野長英（一八〇四—五〇）や後藤新平（一八五七—一九二九）、さらに佐野碩（せき）（一九〇五—六六）、そして父鶴見祐輔（一八八五—一九七三）ら知的エリートの一統、恵まれた教育環境にいながら不良になった少年期、アメリカ留学で得た新たな自覚などへの、さまざまな思いが交錯した人生観、歴史観があった。日本語の圏外で知識人になった自己を、常に意識していたのだ。

鶴見の死を悼む二書には、彼自身の歴史的警句がいくつか収められている。「デモクラシーからファシズムが起こった」「『思想の科学』は、『世界文化』と『土曜日』（戦時下京都の文化人による同人誌）を源流にもっている」などだ。その思いは、日本語を思想化、哲学化できるかという、鶴見の次代への問いにつながっていく。

太平洋戦争時はジャカルタなどで外国放送の傍受に従事したが、しかし胸部カリエスで内地に戻され、敗戦を迎えた。「日本人がこわいという反射」が続き、この声が小さな木霊となって、自身の体内にも響いたと鶴見は述べている。今なお日本語が思索的たり得ていないという焦りから来たものだろうか。

後日譚になるが、拙著文庫化の際、鶴見に解説を頼んだ。「君はあの頃、どこに立っていたのか」と、いかにも鶴見らしい質問を受けた。私は答案を書くような気持ちで、「特攻隊員の手記を基に創作劇を書き、芝居に没頭していました」と答えた。

（朝日新聞　2016年2月7日）

大井浩一
『六〇年安保　メディアにあらわれたイメージ闘争』
勁草書房　2010年5月

六〇年安保を歴史のなかに位置づけるとどうなるか。安保世代には興味あるテーマだ。毎日新聞編集委員の大井浩一は昭和三十七年（一九六二）生まれというから、皮膚感覚を離れた位置づけを試みる資格があるわけだが、一読して安堵を覚えた。正統的な実証を心がけているのだ。

六〇年安保の始まりはいつか、当時の学生運動の本質、デモの実態は何か、首相岸信介（一八六九―一九八七）の発言はどう報じられたか。著者は、新聞などメディアが伝えた情報の量と質が、歴史のなかに残したあるイメージについて、実像に即しているか否かを確かめたかったのだ。たとえば、新聞が報じたデモと野球観戦を対比する「現代学生二態」の写真の、通弊的な解釈には、「両者を別物と考えるのは、正鵠（せいこく）を射ていない」と断じるなど、安保世代として納得がいく。

史実を掬い上げながら、あえて審判を下さない姿勢が本書の強みだ。と同時に、運動の背景に、次代の暴力を読み取った結論こそ、歴史を複眼で捉える著者の真摯さだろう。世代の異なる著者を得て、やっと六〇年安保は実像になったとの感が湧く。

（朝日新聞　2010年6月27日）

平田勝

『未完の時代　1960年代の記録』

花伝社　2020年4月

本書の読み方は立場により異なる。前衛党に関心があれば、その支配に忠実だった著者平田勝（一九四一―）の、人生に対する真摯な姿勢や、分派活動を疑って査問を行った七〇年代の「新日和見主義事件」をめぐる党の人権無視への怒りを、テーマとして読み取ることになる。あるいは通俗的だが、東京大学出身者の左翼体験記とも読めるし、全学連委員長が目の当たりにした、六〇年代の学生運動の高揚と終焉の八年とも読める。同世代の私は、著者が六〇年代をどう生きたか、突きつけられた問題といかに向き合ったかを、世代論風に読んだ。

戦後民主主義世代の多くは、党派性の強い生き方と距離を置いた。一方で、東大に八年在籍し、全寮連や全学連の委員長を務めた著者は、人生の節目節目で、党への忠誠を守る道を選んだ。折々の政治行動での教授たちとの接点、新左翼との駆け引き、党の学生対策責任者の強引な命令など、六〇年代の政治裏面史を正直に書き残したことには、世代の役目との確信が窺える。文中の呼称と敬称の使い分けにも、著者の意地が表れている。

（朝日新聞　2020年5月2日）

マイケル・ワート
『明治維新の敗者たち 小栗上野介をめぐる記憶と歴史』
野口良平訳 みすず書房 2019年6月

江戸末期の幕臣、小栗上野介忠順（一八二七―六八）の評価は、時代により、人により異なる。徳川慶喜（一八三七―一九一三）に諫言を繰り返した官僚、新政府に抗った幕臣の指導者、はたまた明治国家の父といった見方まである。小栗の企図した新政府への徹底抗戦が現実化していたら命はなかったろうと、大村益次郎（一八二四―六九）を感嘆せしめた戦略家でもある。また、司馬遼太郎（一九二三―九六）は『竜馬がゆく』（一九六二―六六）では否定的に描いたが、のちの『「明治」という国家』（一九八九）では評価を一変させている。

時代で変わる小栗の評価を辿った著者のマイケル・ワートは、アメリカの大学の日本近世史研究者だが、群馬県の、現在は高崎市の一部となった倉渕村で中学校の英語教員を務めた折、そこが小栗の所領で、なおかつ新政府軍兵士に処刑された地だと知ったことが、本書執筆のきっかけになったという。当地では小栗顕彰の動きが盛んで、明治維新の敗北者に対する評価の、歴史上の振れ幅に刺激を受けたようだ。

冒頭で「メモリー・ランドスケープ（記憶の風景）」という語が紹介されているが、単に小栗の往時の姿を描くだけではなく、群馬県を中心にどのような場でどのように語られてきたかを、年代ごとに記している。明治新政府のみが近代日本の発展を促したわけではなく、徳川の「遺産」が大きかったという物語を、旧幕府の要人がつくる時、小栗の存在こそ裏づけになったと説いているのだ。

一九六〇年代、「徳川の敗者たちの再定義」が歴史を叙述するなかで行われた。多くの歴史家が薩長の人士と徳川の忠臣を否定的に扱う傾向にあったが、一方で、小栗の遠戚の法学者蜷川新（一八七三―一九五九）の、昭和初期から敗戦後の著作、たとえば『小栗上野介　開国の先覚者』（一九五三）のように、民主主義の源泉として幕末の動きを見直し、評価する論の流れもあったという。

六〇年代に大衆文化が花開いて以降、小栗は今、高校の日本史の教科書にも取り上げられている。小栗の「復権」は先見性への評価だと著者は指摘している。

（朝日新聞　2019年8月3日）

田中眞紀子『父と私』

日刊工業新聞社　2017年3月

田中角栄（一九一八―九三）の娘は「歴史的証言者」たらざるを得ない。老境の今、ともに歩んだ四十七年間の濃密な日々を振り返り、田中眞紀子（一九四四―）はその役を果たした。娘が見た政治家角栄の姿が、ユーモアを交えながら、クリアな視点で活写されている。

幼少期から現在まで五章に分け、自立以前以後を語っていく。アメリカ留学を経験させ、結婚式では涙のスピーチを行い、政治家としての裏側も見せるなど、父角栄には良質の日本人を育てようとの気配りがあった。

筆は客観的かつ冷静で、昭和四十七年（一九七二）の日本列島改造論、日中国交正常化など、結果的に角栄の内政と外交の本質を抉り出すことに成功している。「繊細な本性」や「〝拒めず〟の性格」など、角栄の知られざる一面も具体的に語っている。中国の要人との信頼関係、ロッキード事件への率直な疑問、さらには、角栄が病に倒れたあとの姑息な政治劇にもふれて、著者は歴史的分析を成し遂げた。

自身も外相として政治の現場を見たからだろう。安倍晋三（一九五四―）政権は建設的な議論を行う「真面目な姿勢」に欠けるとの指摘も重い。

（朝日新聞　2017年5月21日）

重信房子『革命の季節　パレスチナの戦場から』　幻冬舎　2012年12月
上祐史浩『オウム事件　17年目の告白』有田芳生検証　扶桑社　2012年12月

一九六〇年代後半から七〇年代にかけての学生運動と、八〇年代から九〇年代の新興宗教。両者のなかでも異様に特化した組織の幹部による書だ。

学生運動の尖端にあって、国際根拠地建設のために世界革命を呼号した日本赤軍。超能力者を自称した人物に帰依し、猛毒サリンを散布して大量殺人を図ったオウム真理教。とくに共通点などないように思えるが、実はそうではない。

既存の体制、思想、規範、価値観を解体するためには、あらゆる手段が許容されると考えた点で、彼らは共通している。ある一面に並外れた感性を持つが、冷酷な計算も見え隠れする。この共通点がいみじくも両書の各頁に窺えるのだ。ともに指導部に列していたため、史実への自省、自戒もまた記述されているが、虚しさは否めない。

重信房子（一九四五―）の書は、学生運動に身を投じた理由、赤軍に加わり、やがてレバノン、パレスチナへと向かう間の日常を、淡々と記している。

とくに重点的に明かしているのが、昭和四十七年（一九七二）のテルアビブ空港における、三名の日本人学生による乱射事件だ。重信書は事件をリッダ闘争と称し、ＰＦＬＰ（パレスチナ解放人民戦線）の活動の一環としてどのように行われたかを詳細に描いている。

自爆死した奥平剛士（一九四五―七二）と安田安之（一九五八―七二）、また周辺の学生たちの意識や言動を知ると、戦後日本社会の多数派とは異質の価値観を持っていたことがわかる。奥平に両親への遺書を託されたと言うが、特攻隊員の心理に通じる機微に驚かされる。また、巧妙にヒューマニズムを鼓吹していることに気づくと、空港で亡くなった二十六人への想像力の欠落に、初歩的な疑問が膨らむ。

表面上の謝罪はあるが、「パレスチナの受難の歴史と70年代という時代の中でその問題を捉えたい」との言に説得力などない。

上祐史浩（一九六二―）の書は、オウム真理教が起こした数々の事件すべてを自己批判している。平成七年（一九九五）の地下鉄サリン事件については、教祖麻原彰晃（一九五五―二〇一八）の予言の的中を演出するために強行されたとの自説を披瀝している。「麻原は極度の誇大妄想と被害妄想の人格障害（精神病理）だった」と断じているように、言わば憑きものを落とした自己省察の書だ。

麻原に魅かれた理由については、自分はオウム人だったと繰り返すのみで、オウムには大日本帝国やナチスとの共通点があるとも言うが、一面的、皮相的との感は否めない。

時代に生きたとも言える二人の弁明だが、両書にふれても各事件の解明にはほど遠く、歴史の歪（ひず）みの連続性だけが見てとれる。

（朝日新聞　2013年2月17日）

牧久
『昭和解体　国鉄分割・民営化30年目の真実』
講談社　2017年3月

なぜタイトルが「国鉄解体」ではなく「昭和解体」なのだろう。そう思いつつ読み進むうち、日本国有鉄道や国鉄労働組合（国労）の歴史が、昭和を代表するだけではなく、革命の前哨戦の如き光景を演じていたからだと気づかされる。

昭和二十四年（一九四九）六月一日に公共企業体として発足した日本国有鉄道は、戦後すぐは徴兵された青年や海外からの帰還者を積極的に雇っていた。当初は憲法によりストライキの権利が保障されていたが、占領者GHQの命令で禁止された。そして発足の一月後、七月五日から六日未明にかけては、総裁下山定則（一九〇一―四九）の自殺があった。下山は、過剰人員とされた九万五千名の解雇をめぐる労使紛争や、GHQの介入などで苦しんでいたと言われるが、他殺説もある。国鉄のありさまは出発時から戦後日本社会の縮図だったとも言えよう。

昭和三十九年（一九六四）には赤字に転落した。政治家の都合による収益性を無視した路線の加増があり、また「親方日の丸」の意識が慢性赤字を招くことになった。

現場をほぼ管理した組合と当局側の対立のなかで、次第に方向性が見失われていった。最盛期には五十万の組合員を擁した国労が中心となり、現場協議制度を実施、職場長の権限、権威は失われた。当局は生産性向上を目的とする「マル生運動」で抗したが、メディアは批判的に扱い、組合寄りの報道を行った。

借金が三十七兆円に膨らんだ赤字体質や職場の規律の乱れが、やがて行財政改革の対象となり、分割・民営化へと突き進むことになった。

著者の牧久（一九四一―）は長年、国鉄の推移を見つめてきた元日本経済新聞社会部長で、国労、動労、鉄労、全施労といった組合と当局の対立を裏側まで取材し、労使の馴れ合いの実態も容赦なく炙り出した。

関係者の証言や史料を基に、各局面を具体的に語っていくのだが、つまりは莫大な赤字を生む体質自体に問題があった。国鉄当局の松田昌士（一九三六―二〇二〇）、井手正敬（一九三五―）、葛西敬之（一九四〇―）の改革派三人組がいかに分割・民営化を目指したか。また、仁杉巖（一九一五―二〇一五）、杉浦喬也（一九二五―二〇〇八）ら歴代総裁の心情、国労書記長だった富塚三夫（一九二九―二〇一六）ら組合幹部の思惑も洗い、分割・民営化が主潮となっていった状況を説いている。

鈴木善幸（一九一一―二〇〇四）内閣の行政管理庁長官だった中曽根康弘（一九一八―二〇一九）が、次代の首相となり、第二次臨時行政調査会のもと、合理化路線を軌道に乗せたプロセスも詳述されている。

国鉄の分割・民営化は、昭和六十二年（一九八七）四月一日のＪＲ各社の発足で成就した。翌々年に終焉を迎えた「昭和」の暗部を再現させないためには、権力の横暴およびこれに媚びる姿勢に、怒りを持たなくてはならない。本書から得た教訓だ。

（朝日新聞　２０１７年５月28日）

西部邁『サンチョ・キホーテの旅』

新潮社　２００９年３月

著者の西部邁（一九三九―二〇一八）と私は、昭和二十七年（一九五二）と二十八年の二年間、札幌の郊外から市内の中学へ汽車で通った。学年は著者が一年上だったが、往き帰りに言葉を交わし、時間と風景を共有した。汽車通学は共同体の「喪失者」になることであり、後年、著者が「異邦人（エトランジェ）」であるだけでなく変な奴（ストレンジ）」と自称したように、私もまたその芽を抱え込んだ。

セピア色の記憶に色をつける。少年から青年になる自画像を描き出す。この色づけに著者の知的営為を確かめることができるが、繊細な感性による独自の文体が、経済学者、思想家としての出発点を浮かび上がらせている。

月並みな表現で描かれた一知識人の少年時代の思い出ではない。「私の色彩にかんする意識は強いほうだと思う」という一節に本質はある。「白（雪原）と黒（常緑の針葉樹林）」の光景に纏ろう「孤独」の実感は、北海道の冬を過ごした者の心象だ。つまりセピア色の記憶は「白と黒」に彩られると、含羞を込めて告白しているのだ。

著者とともに見た光景、たとえば札幌駅の女性放浪者ムッチャン、ヒステリー気味の女性音楽教師。中学生で「存在の本質」に迫っていた著者の眼に驚かされる。当時、内向的だった私は、著者の社会的、人間的な発言に数多くふれたが、今、頁を止めて「そうか、あの頃、西部さんはこんなことを考えていたのか」と頷き、時に涙を零す。

老いてからの一夜、たまたま盃を干す機会があった。教養小説を書くべきだと説いたあの日の思いが、本書の文体にふれてなおのこと強まる。著者は「あとがき（読者へ付言）」で、自身の体験を「ためつすがめつ解釈」せられたしと、照れ気味に記している。それが答えなのかもしれない。著者の心底にあった「白と黒」の「孤独」を理解する者もまた「孤独」なのだ。

（朝日新聞　２００９年６月14日）

辺見じゅん
『夕鶴の家　父と私』
『桔梗の風　天涯からの歌』
『飛花落葉　季を旅して』
幻戯書房　2012年9月

歌人、作家、民俗学徒、それに出版社経営など多彩な顔を持った辺見じゅんさん（一九三九―二〇一一）が逝って一年、三冊の著書が刊行された。同年生まれで世代体験を共有する私は、何度か対談に呼ばれ、折々に文筆家としての、角川書店創業者である父角川源義（一九一七―七五）への思いなどを聴いた。その父と自身を軸とする角川家のこと、また、手もとにある芥川龍之介（一八九二―一九二七）の、歌人片山廣子（一八七八―一九五七）への恋文のことは書いておかなければならないと、低い声で呟くのだった。

三冊は「遺稿エッセイ集」と銘打たれている。辺見さんの出版社の社員たちが、その四十六年間の文筆活動のなかで記された随筆、紀行文などを編んだもので、彼女がいかに生きたかを理解できる構成になっている。

あらためて読むと、辺見さんには三つの大きなテーマがあったことがわかる。「父源義の学究の世界」「母性で確かめる昭和史」「言葉に込められた庶民の情念」だ。三冊の文章のほとんどがこの三つのテーマに収斂（しゅうれん）することを思うと、自身の生きた時代を澄んだ眼で見つめていた辺見さんへの感慨が湧く。

『夕鶴の家』は父源義の思い出が中心となっている。父を通して見た昭和の戦争、折口信夫（一八八七―一九五三）門下の父が学術の場を離れた理由、父の闘病生活などが語られる。

昭和五十年（一九七五）の源義五十八歳での病没が契機となり、辺見さんは文筆の世界に立つ。「『昭和』への旅」という目標を掲げ、戦争で亡くなった人びとの世紀を直視しようと決意した。また、日本の村々の営みがどう解体していったかを確かめ、次代に伝えようと志した。戦場で餓死した兵士たち、軍事指導者の失態を隠すために死を強要された兵士たち、数多聞き取った彼らの証言を「あのむごたらしい戦争を伝える民話ではないか」と思うに至った。

辺見さんは教条主義の文筆家ではなかった。故郷富山の祖父母が語った民話、父に聞かされた俳人の心構えや折口信夫、柳田国男（一八七五―一九六二）の学説などを通して感じ取った、日本の共同体が崩壊していくことへの静かな怒りは、戦後社会が見失った良質のナショナリズムへの渇望だ。その愛惜が三冊の頁の端々に滲んでいる。

　辺見さんは角川書店の編集者として、父と文化人の交流のなかに身を置いたこともあった。山本健吉（一九〇七―八八）や土屋文明（一八九〇―一九九〇）、上田三四二（一九二三―八九）らとの思い出がある。寺山修司（一九三五―八三）については「きらめく五月の季節に逝った」など、歌人ならではの表現にも出会う。

　辺見さんのなかには、万葉集に始まる日本の古語から現在の言葉まで、すべてが詰まっていた。そこから生まれる表現に、もう出会えないのかと思うと、ただ寂寥感に囚われる。

（朝日新聞　2012年11月4日）

細川護熙『内訟録　細川護熙総理大臣日記』

伊集院敦構成　日本経済新聞出版社　2010年5月

　首相経験者には在任時の回想記の公刊を義務づけるべきだと、かねて私は主張してきた。それが歴史的責任だと考えるからだ。著者細川護熙（一九三八―）の内閣は、平成五年（一九九三）八月からわずか八ケ月間とはいえ、政治改革法案やコメ市場の開放などいくつかの成果を上げた。何より五五年体制を崩壊せしめ、八会派による連立という綱渡り的な政権運営を担った。

　首相として細川自身はどのような考えで時代に向き合ったのか。どのような思いで歴史に対峙したのか。本書は日記風に構成されており、当時の官邸内部の動向を余すところなく伝えている。

　読み進むうち、すぐに二つのことに気づいた。一つは、教養人として政治に向き合った事実。古今東西の思想家や政治家、自身の家系に列なる先達の教えを血肉化している。元首相田中角栄（一九一八―九三）の死の折に引いた、『唐詩選』張説の「昔記山川是　今傷人代非」は、不変なる山川に対し、変わりはてた人の世を嘆くという、深みのある人生観を表している。もう一つは、明確な政治理念と使命感で、歴史的普遍性の何たるかを示したことだ。

太平洋戦争の侵略性を事実として認め、政治家は安易にナショナリズムを煽るべきではない。中国は共産主義政権ではなく王朝と見るべきだ。勲章を欲しがる人の態は「誠に見苦しきものなり」。「55年体制というヘドロを洗い流すには清流をもってせずとも泥水にて足れり」。

細川の周辺には後藤田正晴（一九一四―二〇〇五）や四元義隆（一九〇八―二〇〇四）といった多くの助言者がおり、政治家としての資質に磨きをかけていたこともわかる。

複雑なエピソードも紹介されている。ロシアの初代大統領エリツィン（一九三一―二〇〇七）の来日時、シベリア抑留中に逝った伯父近衛文隆（一九一五―五六）の軍人身分証が密かに手渡され、涙を零したとある。また、八会派の対立、小沢一郎（一九四二―）と武村正義（一九三四―）の根深い抗争、官邸に出入りした政治家、評論家の、時にお粗末な意見まで顕わにされている。関係者の証言を適宜織り込んだ元日本経済新聞編集委員の伊集院敦（一九六一―）の構成が巧みだ。

書名の「内訟」は論語から採られたもので、自らの過ちを自らが咎めることを意味する。同時代人の共通の理解にしたいと訴えているかのようだ。

（朝日新聞　2010年7月18日）

丹波實
『わが外交人生』

中央公論新社　2011年7月

著者の丹波實（一九三八―二〇一六）は昭和三十七年（一九六二）に外務省入省、平成十四年（二〇〇二）に退官するまでの四十年間、第一線に立ちつづけた。本書はその回顧録だが、いくつかの歴史的証言があり、資料価値も高い。

二十世紀後半の日本の外交はアメリカとの同盟を軸

に、ソ連（ロシア）、中国との関係を模索したのだが、立場は一貫しており、「つねに筆者の動機は『国益』だったという。

ソ連のアフガン侵略などが起きた一九八〇年前後の冷戦激化時に、アメリカは防衛費の増大を求めてきた。当時、著者は「丹波メモ」を作成、関係方面に配布している。日米安保あってこその経済的繁栄との認識を記したものだ。日米安保は「憲法第九条に象徴される平和国家を担保している」との見解は著者独自のものだが、今も不変だと強調されている。

圧巻は国連局長時代のＰＫＯ五原則をまとめた経緯の詳述だ。以後二十年間の、日本のＰＫＯ参加の実績については、自らの国会答弁が正しかったと誇っている。さらに、米英仏の国連担当幹部と会談し、初めて安保理の改革を訴えたのも自慢の一つだとしている。外交官の回顧録にしばしば見られる自賛とも受け取れるが、歴史がつくられた現場の証言だと思えば首肯もできる。

著者はもともとソ連・ロシア外交の専門家でもあった。すでに『日露外交秘話』（二〇〇四）で自身の体験を記しているが、後輩たちに語っておきたかったのか、あえて一章を設け、対ロシア外交の私見をまとめている。ソ連は「遠大かつ悲劇的な実験」を行った結果、再びロシアに戻った。このロシアの、北方四島に関する変則的な交渉に注意を促し、橋本龍太郎（一九三七―二〇〇六）首相のもとで携わった、クラスノヤルスク会談（一九九七）での方法論がモデルになると言いたかったのだろう。

出身地北海道への強い情感も明かされている。愛読書がドイッチャー（一九〇七―六七）のトロツキー伝三部作（一九五四―六三）という知性。いずれも外交官の資質なのだろう。

（朝日新聞　２０１１年９月４日）

柳家小三治
『どこからお話ししましょうか　柳家小三治自伝』
岩波書店　２０１９年12月

同い年の人物の自伝を読むと、時代の共有感が味わえる。五歳の戦時下、遠目に仙台空襲を見た。「きれいだなあ」と言ってひっぱたかれた。私もB29の編隊が飛んでいくのを見て、同じことを口にして殴られた。つまり「私も戦争を知っている一人」との言葉に頷く。

柳家小三治（一九三九—）の落語家としての歩みを通して、新時代の空気、大衆意識の変化、折々覚えた演目、芸の本質などが独特の口調で語られる。せりふや言葉ではなく、落語は「了見でおぼえていく」ものだという。了見？　それを読者が読み解く構成になっている。

師匠の柳家小さん（一九一五—二〇〇二）には、端から受けを狙う姿勢を叱られた。二ツ目時代、十七、八歳の女の子から、ちゃんと落語をやってくださいと言われた。テレビで少々浮かれていた頃だ。世間にはきちんと見ている人がいる、お天道さまは裏切っちゃあいけねえと、著者は呟く。八十年の人生で得た至言にふれて、心が和む。

（朝日新聞　2020年2月22日）

内田洋一

『風の演劇　評伝別役実』

白水社　2018年8月

昭和三十年代、私は同志社大学の学生で、四年間、演劇に没頭した。J・ジロドゥ（一八八二—一九四四）、J・アヌイ（一九一〇—八七）、そして田中千禾夫（一九〇五—九五）の『マリアの首』（一九五九）などと向き合い、最終的には自作を書いていた。他大学の演劇の噂も耳に入ってきて、早稲田の「自由舞台」はスタニスラフスキー（一八六三—一九三八）の演技理論を実践しているとか、コッペパンを食べて頑張っているなどと聞かされた。何人かの名も知った。

大学を卒業して九年、昭和四十七年（一九七二）に、私はノンフィクションの第一作『死なう団事件』を発表した。この本を参考に、まもなく別役実（一九三七—二〇二〇）が戯曲『数字で書かれた物語』を発表した。文学座アトリエで公演をするというので、私も二、三度、別役に会った。時代の共有者として会話を交わし、公演を観た。あの時の衝撃は忘れられない。才能のレベルが違った。私のなかで創作劇を書こうという思いは一気に萎えた。別役の作品には、不条理劇、あるいは前衛劇としての方向性が明確に示されていた。日本演劇界の先駆けたらんとする意気込みがあった。また、自由舞台を知る者にとっては、社会主義リアリズムとの訣別も感じられた。

本書は、元日本経済新聞編集委員で演劇評論家の内田洋一（一九六〇―）による、劇作家別役実の評伝だ。戯曲総覧、略年譜も充実している。「日本のベケット」と称賛され、新たな現代劇を構築した別役の半生を、膨大な取材を基に、ロングインタビューも交えながら描いているわけだが、中国東北部へ渡った父憲夫などは、満州の秘部にふれる存在だし、戦後日本社会の素顔も浮かび上がらせている。

さらに、母夏子を含む家族の歴史と、別役自身の記憶も丁寧に掘り起こし、「デラシネ」（根なし草）を軸に据えた記述には説得力がある。

「別役実空間を印象づける風と電信柱」の原点を出生地の満州と見て、戦後、次々と住処を変えて育った心情に迫るのは、家族史と自分史が、独自の人間観を持つ不条理劇を生み出したからか。

第一戯曲とされる『AとBと一人の女』、二十五歳で表舞台へ出たデビュー作『象』で、別役は新進劇作家としての評価を受けた。自由舞台以来の仲間である鈴木忠志（一九三九―）の談話を紹介しつつ著者は、「別役劇は一貫して共同体からはじかれるマイノリティーたちに光をあてている」と分析する。まさに別役劇の骨格を言い当てた見方で、『象』にしても、被爆体験をどう歴史に刻むかという寓話性を持っていた。

一九七〇年代以降の別役については、文学座の力を借りて「ベケットから逃げ出した」と説く。つまり、不条理劇から出発し、遠回りして、新劇の軸たる「演劇」に出会ったとの理解だろう。しかし、巻末で全作品を紹介したあと、著者は「別役実の不条理劇には解がない」と言う。その深遠さは計り知れないとの見方に、納得させせられる。

（朝日新聞　2018年11月3日）

堀真理子

『改訂を重ねる『ゴドーを待ちながら』 演出家としてのベケット』

藤原書店　2017年9月

登場人物は大人の男四人、少年一人。「初老の浮浪者らしい男二人が、ゴドーという名前の何者かを待っている」。そこへ地主と、奴隷と称する男が登場、四人のやりとりがある。少年が現れ、「ゴドーさんは来ません」と告げる。二幕目、やはり四人の会話のあと少年が現れ、一幕と同じメッセージを託す。初老の二人、「行こう」と言いながら動かない。そして閉幕。

サミュエル・ベケット（一九〇六―八九）が一九四九年（昭和二十四）に脚本を書き、五三年にパリで初演されたこの『ゴドーを待ちながら』は、二十世紀後半の演劇界に衝撃を与えた。ゴドーとは一体誰か？　どんな存在か？　死や神、はては救世主など、さまざまな解釈がなされた。不条理劇なのだが、ベケット自身、問われるたびに「わからない」と答えた。

アイルランド生まれのベケットは、フランスに住み、フランス語で書いた。『ゴドーを待ちながら』は、アイルランド独立運動やナチスのフランス占領などを体験したあとの作品で、視覚的な舞台に変えられたり、女性を登場させられたりすると、ベケットは訴訟に持ち込み、自らが望む演出を要求した。

英米文学、演劇学の堀真理子（一九五六―）は、ベケットの人生や演劇観を追い、本書をまとめている。そして、不条理劇『ゴドーを待ちながら』そのものが、二十世紀後半の人間像を示していると説く。斬新なモチーフで、あの時代、確かに人びとは何かを求めていたのだ。

ゴドーとは何か。あっさり決めつけるわけにいかない。つまり解釈は観客に委ねられている。六〇年代初め、この演劇を見た私は、ゴドーは「私自身の未来だ」と興奮した。老いた今、ゴドーは「死」だと、私は受け止めている。

本書は、ベケットが遺した『ゴドー』の演出ノートを基に、作品に秘められた仕掛けを解き明かそうとするものだが、日本の演劇人たちの『ゴドー』も語っている。別役実（一九三七―二〇二〇）の『やってきたゴドー』（二〇〇七）など、日本では視覚化する点が特徴のようだ。実際にゴドーが現れると、誰にも信用されず、愚弄されて退場する。日常の不条理という捉え方だ。

（朝日新聞　2017年12月17日）

松本健一

『海岸線の歴史』

ミシマ社　2009年5月

読み進めながら、評論家の松本健一（一九四六—二〇一四）がなぜこのテーマに取り組んだのかを考えつづけた。

確かに日本は海岸線の長い島嶼(とうしょ)国家で、アメリカの一・五倍、中国の二倍以上もあるのだが、その海岸線と国民性の関わりについて論じた先行書はないという。また「日本民族は折口信夫のいうような「海やまのあひだ」に住まいしてきた民族であり、その感受性というか原想像力とすると、海彼(かいひ)に故郷を思い海辺に生きてきた民族」との認識もわかる。実際に著者は、古くは『万葉集』から現代作家のものまで、海辺の描写を幅広く引用し、私たちの心象風景、日本人の海への感情を解き明かそうとしている。

「江戸時代を通してずっと繁栄していたような、白砂(はくしゃ)青松(せいしょう)の遠浅の海」は開国を機に廃れ、より深く、潮の流れも速い、外洋に面した海が主役となる。そして「日本とは何か」と、ナショナル・アイデンティティーを問い、求める声が、心理的葛藤を生む。そこから何を摑むのか。

読み進めながら、次第に明らかになってくることがある。現代日本人の意識が、急速に海から、海岸線から、遠ざかっていることだ。たとえ論じられても、資源ナショナリズムの範疇だったり、国際法の枠組みに限定したものだったりと、文化、文明の視点が欠落している。文部省唱歌「われは海の子」（一九一〇）が教科書から一度消えたことについて、海辺の風景が人工的なものになったためとの指摘もよくわかる。

かような現実に対して、著者は単純に告発したり、慨嘆しているのではない。「風土、歴史、文化」の変容に、自らを納得させようとの思いが、筆を執った理由だと窺えるのだ。

朝鮮半島の釜山から高速艇で福岡に戻る時、玄界灘に次々と見えてくる「白い砂浜をもち、緑の林をもった島の風景」を著者は思う。いつか私の魂は、あの風景のもとに帰るだろうと、実感したという。私たちの「ふるさと」だから、と。

意図はどうあれ、老いた者が読むと、思わず死生観を自問したくなる書だ。

（朝日新聞　２００９年７月12日）

終章

『昭和天皇実録』を読み解く

統計的調査研究の入り口

平成二十六年（二〇一四）に宮内庁が公表した『昭和天皇実録』は、その生涯を忠実に辿るという方針のもと、内外の公文書や関係者の日誌を母体とし、各種刊行物なども参考に編纂された、言わば昭和天皇（一九〇一―八九）のドキュメントである。『明治天皇紀』『大正天皇実録』と同じく、生前の天皇が何を話し、何を行ったかを問う後世への一つの答えで、歴史上の遺産として受け継ぐべき書物である。

宮内庁書陵部が四半世紀をかけてまとめた『昭和天皇実録』（以下『実録』）の刊行発売にあたっては、公募方式が採られた。十四の業者が入札に加わり、東京書籍株式会社が版元に選ばれ、公表翌年の平成二十七年（二〇一五）三月から三十一年（二〇一九）三月までに、十九冊が刊行された。

『実録』はあくまでも国家の公式記録として読む必要がある。昭和天皇の実像について『実録』が描くのはその半分で、残りは在野の研究書や論文、評伝などにより補われるという意味である。つまり『実録』だけで昭和天皇のすべてを理解できるわけではない。また、国家による公式の事蹟集ゆえ当然、内容に制限もかけられており、いわゆる不都合なことは記されていない。とくに昭和前期、同二十年（一九四五）八月の、大日本帝国の軍事的解体までの戦争に関する記述については、かなり神経を使って読まなければならない。

『実録』には、明治天皇（一八五二―一九一二）および大正天皇（一八七九―一九二六）のものとは異なる特徴がある。たとえば口語体で書かれている。また、引用文献として新聞や雑誌の記事なども使われている。昭和後期が始まる敗戦の年の九月以降は、天皇関連の報道が以前と比べて倍加したのだから、当然と言えば当然なのだが、その報道記録について、宮内庁書陵部のスタッフが、どのような尺度で採否を決めたのかも興味深い。

私は『実録』について、「文藝春秋」「週刊朝日」「サンデー毎日」などの雑誌や新聞各紙で見解を述べ、自著でも記してきたわけだが、本稿は「書評」という視点でアプローチしてみたい。

まず『実録』は、百年、二百年先の人が昭和天皇を語る際の、基本的文献になる。その時の日本社会がどのような変貌を遂げているか、国際社会がいかなる状況にあるかなどは想像できないが、いずれにしても昭和天皇は、次の三点で関心を集めるであろう。

①近代以来の帝国主義が瓦解し、一転して民主主義となった社会での役割の自覚。
②権力と権威の両面を代表させせられた苦衷と困惑の歴史。
③明治維新以後の「臣民」が「市民」に変じてからの評価。

さしあたりこの三点は、昭和天皇でしか検証し得ず、ゆえに『実録』は意味を持つとも言える。そして、同時代を生きてきた者は、後世の理解を広げるためにも、各々の体験を軸にした昭和天皇像を語り継ぐ必要がある。これは『実録』を読み解き、検証する際の前提で、先の三点を意識しながら向き合うと、やはり『実録』は「宝」の山だと私は感じる。むろん「宝」の意味と内実を正確に理解せずにいると、単に持ち腐れにもなり得る。

『実録』の短所はたとえば「脚注」で、出典は題名だけ記され、著者名も引用部分も明確でなかったりする。新聞や雑誌からの引用も同様で、読む側は苦労する。書誌データとしては明らかに不充分なのだが、しかし反面、昭和天皇の動向がより浮き彫りになるという利点もなくはない。昭和天皇がいつ、どこで、誰と、どのような用事で会ったかなどは、極めて貴重な情報である。

昭和天皇は律儀な性格で、誠実に臣下の者に接した。会った回数や時間の長短などが記録されたことで、上奏内容の重要度も、各時代で誰が大事な役割を果たしたかもわかってくる。こうした統計的な調査研究は日本ではまだ不充分で、今後の成果が待たれる。

ちなみにアメリカの政治学者で日本の天皇制を研究するデイビッド・A・タイタス（一九三四―）は、『日本の天皇政治　宮中の役割の研究』（大谷堅志郎訳　サイマル出版会　一九七九）を執筆するにあたって、『木戸幸一日記』（上下　東京大学出版会　一九六六）を徹底的に調べ上げた。いつどこで誰と何回、何時間会ったかなどを丹念に確認し、昭和天皇の真の役割を浮かび上がらせようと試みた。私は、まず天皇は時候の挨拶などから始めて、上奏者との重要な話に入るものだと思っていたが、タイタスの書を読み、また侍従たちに取材して、現実が必ずしもそうではなかったことを教えられた。面会時間の長さ＝重要性のある上奏内容というタイタスの検証の意義を鑑みれば、『実録』はより本格的な分析の対象となり得る。ゆえに「宝」の山と言えるのである。

二・二六事件をめぐる新たな視点

タイタスの手法に倣い、たとえば昭和十一年（一九三六）の二・二六事件を『実録』で概観してみると、天皇は発生から三日間で計四十一回も、侍従武官長の本庄繁（一八七六―一九四五）に会っている。と言うより、呼びつけている。二月二十六日は十四回、二十七日は十二回、二十八日は十五回で、すべてについてではないが、天皇の意見の内容は『本庄日記』（普及版 原書房 二〇〇五）に詳しく、激怒し、叱りつけていることが多い。青年将校らに同情的な言を弄する本庄を、天皇は叱責しているのである。

二・二六事件については、『実録』で新事実が明かされたわけではなく、目新しい記述もない。しかし、昭和天皇と本庄繁の面会回数は、大きな意味を持つ。天皇は一貫して青年将校らの決起に強い怒りを示し、軍の指導層の一人でもあった本庄に、執拗に事件の鎮圧を求めた――この解釈が、二人の面会回数の記録でより強化され、歴史上に刻まれたと言えるであろう。『実録』の編纂者の意図をそう読み解くことで、天皇の歴史的位置づけもより明確になる。『実録』は、天皇の心中には踏み込まないとの原則を掲げているが、しかしこうした数字は、昭和天皇に対する解釈の幅を広げてくれる縁になっている。

私が『実録』を読んで得た、二・二六事件をめぐる新たな視点はほかにもある。昭和天皇は、実は本庄繁をまったく信用しておらず、執拗に呼びつけたのは、監視のためでもあったと考えられるのだが、状況を確認しつつ、速やかな鎮圧を迫る天皇の姿が目に浮かぶ。『本庄日記』によれば、本庄は陸軍の皇道派幹部の「首謀者を自決させたい。ついては勅使を送ってほしい」との言や「部下の兵を鎮圧のためとはいえ撃ち難い」との言を伝えるが、天皇の反応は「非常な御不満を示され御叱責になる」（『実録』）というものであった。本庄の腰の引けた態度に、天皇は不快感を示したのである。天皇の怒りには、自身の考えと異なる本庄への不信感のみならず、本庄という軍人を危険視し、距離を置こうとした思惑も窺える。

新たな視点はほかにもある。当時侍従だった甘露寺受長（一八八〇―一九七七）が戦後に書いた『背広の天皇』（東西文明社　一九五七）には、事件の報せを受けた時、昭和天皇は涙ぐんでいたとある。いわゆる「股肱の臣」が暗殺されたからで、甘露寺は「ご試練ですぞ」と言って励ましたと書いている。しかし『実録』にそのような場面はなく、一言もふれられていない。これは何を意味するのか。つまり、後世の者が『実録』を読めば、天皇は始終毅然とした態度で事件の処理にあたったと推測できるわけだが、そう解釈するよう促した編纂側の意図が感じられるのである。読み解き方で新たな発見の可能性が広がった一例でもあろう。

『実録』と二・二六事件についてもう少し続けよう。昭和天皇は、二・二六事件が起こることを具体的には予想していなかったであろうが、何か問題が生じるとは考えていた節がある。青年将校の動きに敏感だったからで、『実録』を読めば容易に窺える。たとえば事件の前月、一月十一日の記述には次のようにある。

「東京日日新聞に掲載されたほへい〈歩兵〉第一連隊第七中隊長山口一太郎が昨10日の初年兵入営日に際し見送りの父兄に対して内閣批判と国体明徴の徹底を求める演説を行った旨の記事につき、御下問になる」

本庄繁の娘婿の山口一太郎（一九〇〇―六一）が、公然と政府批判の演説を行ったことを報じる新聞記事を読んだ昭和天皇が、当の本庄に問い質している。本庄が詳細な説明をした節はないが、天皇の怒りの一端にふれたとは言い得る。付け加えておけば、二・二六事件後、山口は青年将校らの共犯者として憲兵隊に逮捕されている。実際、青年将校との間には、義父の本庄を通じて宮中工作を行うとの密約があったと言われている。事件後の本庄の、青年将校の意に沿うような言動を追えば頷く以外になく、その点を見抜いていた天皇は警戒を怠らなかったとも読めよう。

事件前年、昭和十年（一九三五）八月十二日の、永田鉄山（一八八四―一九三五）陸軍省軍務局長が、皇道派の将校に白昼公然と軍務局長室で惨殺された事件についても、天皇は危惧していた。軍法会議の推移をよく見ており、翌年一月三十日に本庄繁を呼び、「公判における特別弁護人陸軍歩兵中佐満井佐吉の発言」について質している。満井佐吉（一八九三―一九六七）は皇道派の将校で、法廷闘争を行うも公判中に起きた二・二六事件に連座して実刑を受け、免官となる人物なのだが、一月二十八日の第一回公判で、被告の犯行が公人、私人いずれの資格によるものなのか明確でないなどとし、公判の延期を主張していた。本庄は天皇の疑問にきちんと答えられなかったようである。二月十三日には教育総監の渡辺錠太郎（一八七四―一九三六）を呼び、「永田鉄山刺殺事件の軍法会議につき、行政、司法両裁判の混合ではないのかと御下問になる」。二月六日の第五回公判で満井は被告を、皇軍の一員である公人だと弁護していたが、思うに昭和天皇は次のような危惧を示した。

〈組織の代表としての公人を裁く行政裁判的なあり方と、私人を裁く司法裁判的なあり方との線引きが曖昧で、責任の所在が不透明ではないか〉

昭和天皇の「下問」に渡辺錠太郎も納得したことであろう。返答内容の記録はないが、皇道派と対峙している最中の渡辺に、あえてこのような質問をするのは、皇道派に好意的な本庄繁を、天皇が避けていた証とも思える。天皇の言に頷いたであろう渡辺はしかし、二週間後に暗殺された。天皇の怒りが深まったことは容易に想像できる。

戦後、昭和五十五年（一九八〇）九月二日の宮内記者会との会見で天皇は、自身は立憲君主制にこだわってきたが、踏み外したことが二度あると認め、それが二・二六事件と降伏の時だったと語っている。この二つについては弁明の意志を持っていたのであろう。天皇は、二・二六事件時の侍従長および敗戦時の首相として、自らに忠実に寄り添った鈴木貫太郎（一八六八―一九四八）の名を挙げている。天皇は鈴木への感謝の念を述べることで心情を吐露したとも言える。

「鈴木とは苦楽をともにしました。なかんずく2・26事件は最も不幸な事だったと思っています。その時の印象は、今日もなお強く残っています。それから鈴木が総理になったということは、戦いを終わらせることに力があったと思います」

太平洋戦争の開戦と終結

見てきたとおり、読み方により『実録』は重要な視点を教えてくれるわけだが、一方で、昭和天皇の人間的な資質もくっきりと浮かび上がる。『実録』を読み進めるにつれ鮮明になってきたことだが、たとえば次のような特徴を見出せるのではないだろうか。

①原理原則に忠実なタイプで、かつよく人物を観察していた。

②軍内の規律の乱れ、下克上、そして皇道派を警戒していた。

③好戦主義でも平和主義でもなく、皇統を守ることがすべてであった。

この三つの志向が、昭和天皇の骨格を成していたと私には思える。とくに③については、あらためて考える必要がある。ともすれば天皇に好戦主義者とか平和主義者とか、レッテルを貼って前提を作りたがる向きがあるが、それでは史実は見えてこない。天皇の心中は、可能なら戦争は避けたいが、皇統を守るためなら戦争もやむなしというものであったろう。このことは、昭和十六年（一九四一）十二月の、太平洋戦争開戦へ至るプロセスに見えてくる。

『実録』から読み取れることだが、アメリカへの宣戦布告については当初、確かに昭和天皇は避けたいと考えていた。しかし、軍事指導者らの説得が執拗になり、さらに虚偽、誇張、思い込みの見解なども加味されて、開戦に対する天皇の心中は〈避けたい〉〈なるべく避けたい〉〈やむを得ない〉〈ここまできたら避けられない〉〈認めよう〉と、少しずつ変化していった。陸軍の参謀総長の杉山元（一八八〇―一九四五）、首相兼陸相の東條英機（一八八四―一九四八）、海軍の軍令部総長の永野修身（一八八〇―一九四七）、海相の島田繁太郎（一八八三―一九七六）が好戦的だったのは事実で、彼らの言辞に天皇の心中は振り回されたと言えるであろう。

昭和十六年九月六日の御前会議では、明治天皇の御製「よもの海みなはらからと思ふ世になど波風のたちさわくらむ」を読み上げ、不戦の思いを示した。さらに、同年十二月一日の御前会議でも、「なるべく早期に戦争を終結することを考えておく必要がある」と、枢密院議長の原嘉道（一八六七―一九四四）に胸中を代弁させた。とはいえ、開戦の直前まで保っていた〈避けたい〉〈なるべく避けたい〉との思いを、短期間で〈認めよう〉に変えたわけを、理解しておく必要がある。大日本帝国の政治システムにおける基本的な矛盾を、『実録』は教えてくれるからである。

　天皇は統帥権を持つ大元帥だが、軍事指導者の決定事項には異議を挟まない、との姿勢を保っていた。前述のとおり、二・二六事件時と敗戦時の二度それを破ったわけだが、開戦時は臣下の者の決定を受け入れた。なぜ異議を挟まなかったのか。この時は、政府にも大本営にも対立がなく、昭和天皇は裁可せざるを得なかったと『実録』からは読み取れる。二・二六事件時および敗戦時は、政府内部、さらには大本営にも二つの意見があり、まとまらなかったが、開戦時は、天皇と臣下の者の信頼関係を背景に、政治、軍事指導者が一体となっていた。天皇は異議を挟む立場になかったのである。

　結果、三年八ケ月、太平洋戦争は続いた。戦況の悪化とともに、昭和天皇は困惑の度を深めた。当初は戦勝の報告に喜んだりもしたが、開戦の一年後には伊勢神宮へ参拝するなど、『実録』からは不安の色も読み取れる。以後、敗戦を受け入れていく天皇の言動や心理について『実録』を分析すると、歴史的な解釈を補完する新視点も得られる。

『実録』における昭和二十年（一九四五）八月十四日の記述は三ページ、翌十五日は四ページに及ぶ。むろん後世に検証されるべき宿命を負う日なので、ほかよりかなり長いのは当然である。その十四日の記述に、昭和天皇がポッダム宣言を受諾する意志を明確にしたくだりがある。重要な一節である。

「天皇は、国内外の現状、彼我国力・戦力から判断して自ら戦争終結を決意したものにして、変わりはないこと、我が国体については外相の見解どおり先方も認めていると解釈すること、敵の保障占領には一抹の不安なしとしないが、戦争を継続すれば国体も国家の将来もなくなること、これに反し、即時停戦すれば将来発展の根基は残ること、武装解除・戦争犯罪人の差し出しは堪え難きも、国家と国民の幸福のためには、三国干渉時の明治天皇の御決断に倣い、決心した旨を仰せられ、各員の賛成を求められる。〔略〕十一時五十五分、入御される」

太平洋戦争の終結をめぐる昭和天皇の重要な発言で、正直にその心中の覚悟や決意も吐露している。どのように敗戦を受け入れるかという思いが凝縮しており、後世に伝え、記憶されるべき史実であろう。

退位問題

敗戦後の退位をめぐる問題についてもふれておかなければならない。昭和天皇はただの一度も退位の意向を示したことがないとの前提で『実録』は編纂されており、関連記事はまったくない。この点で『実録』は、既存の各種の評伝などとは異なる。昭和天皇の事績については、側近をはじめ内外の研究者、作家、ジャーナリストなど、さまざまな立場の人がすでに記しており、その多くが退位問題を扱っている。退位の意向を昭和天皇が示したのは、次の三度とされる。

①昭和二十年（一九四五）八月二十九日。『木戸幸一日記』に「自分が〈戦争責任を〉一人引受けて退位でもして納める訳には行かないだらうか」とある。

②昭和二十三年（一九四八）十一月前後から十二月にかけて。東京裁判の判決が出て、七人のA級戦犯が処刑された時期。

③昭和二十七年（一九五二）四月。サンフランシスコ講和条約が発効し、日本が国際社会に復帰した時期。

以上三つの時期に、昭和天皇は退位の意向を示したと、一般的には考えられてきた。しかし『実録』は、天皇は退位を否定したと明確に記している。たとえば、三つの時期とは重ならないが、昭和二十一年（一九四六）三月六日の記述には、新聞報道が退位にふれたことを受けて、「現状ではその御意志のない旨をお伝えになり」とある。昭和二十三年（一九四八）七月九日には、外国の新聞雑誌が、八月十五日か東京裁判の判決日に退位が行われるのではないかと報道したが、『実録』には「天皇として留まり責任を取られる旨の御意向を示される」とある。いずれにしても、天皇の側からの退位の意向はなかったことにされている。退位問題の決着を図った『実録』の強い意志が感じられる。

また、当時皇太子だった次代の天皇明仁（一九三三―）はまだ十二、三歳で、即位させても摂政を置く必要があった。弟の秩父宮（一九〇二―五三）は結核で闘病中、高松宮（一九〇五―八七）は海軍の軍人で、その経歴では摂政になどできないとの思いが、昭和天皇にはあったとされる。

先の三つの志向でもふれたとおり、いかなる時も皇統を守るという固い覚悟が、昭和天皇にはあった。同じ理由で選んだ開戦の結果が完膚なきまでの敗戦で、大いなる誤りだったと認識したことであろう。戦後の早い時期に軍事や軍人のことを一切語らなくなったのは、いくつもの嘘や、隠蔽（いんぺい）されていた事実を確認したからだと思われる。極端なまでに軍部への具体的な言及を避けた史実を一つのヒントに、昭和天皇と日中戦争、太平洋戦争のあらゆる面の検証を、今後も重ねていく必要がある。

帝王学とは異なる教育

『実録』中、最も生き生きと書かれているのは、幼少期である。明治三十年代後半から大正の初め、まさに二十世紀の黎明期にあたる。昭和天皇や秩父宮、高松宮の教育係だった、のちに鈴木貫太郎の後妻となる足立タカ（一八八三―一九七一）との日々の記録は、極めて人間的である。東京府女子師範学校を出て、教員をしていたタカが、皇孫御用掛に就いたのは、第八代学習院長だった菊池大麓（一八五五―一九一七）の薦めによる。

タカの父、足立元太郎は札幌農学校の第二期生で、同期には内村鑑三（一八六一―一九三〇）や新渡戸稲造（一八六二―一九三三）などがいた。元太郎も熱心なクリスチャンで、その影響からタカも、いわゆる札幌バンドに連なる、キリスト教に基づく教育を実践したと見られる。『実録』の明治三十年代後半の頁には、皇孫たちとクリスマスプレゼントを交換した記述もあり、このような習慣が意外に早く、宮中に入り込んでいたことがわかる。

また、昭和天皇の幼少期の作文や、父母の大正天皇と貞明皇后（一八八四―一九五一）に宛てた手紙も紹介されている。明治四十年代のもので、口語体の文章がわかりやすい。足立タカの教育のせいか、当時は漢詩漢文を主に読まされていたはずだが、硬さをまったく感じさせない。その写実性は、懐古的な帝王学とは異なる教育も受けた証であろう。つまり、一般的な臣民が受けた教育と重なる部分もあったということで、あるいは明治天皇や第十代学習院長の乃木希典（一八四九―一九一二）の意思、また、大正天皇と貞明皇后の希望なども反映していたのかもしれない。

敗戦以前と以後を使い分けた編纂意図

『実録』は、日本が近代から現代へと移行する時期の記録で、まさに歴史を映した鏡である。昭和期について私は、一つの言葉が二つの意味に分かれた時代でもあったと捉えている。キーワードは「天皇」「軍事」「国民」の三つで、これが二極分解したと考えるのである。

「天皇」は大日本帝国の主権者、大元帥として神格化されていた。敗戦後は人間となり、象徴となった。また、極端なまでに肥大し、国全体を振り回した「軍事」は敗戦後、建前とはいえ非武装に転じた。まさにネガポジ反転したような状態になったのである。では「国民」はどうか。敗戦以前は臣民で、以後は市民となった。そのように一つの言葉が二つの意味に分かれたことが、昭和という時代の特徴であった。この特徴を『実録』が丁寧に使い分けている点に、私は編纂者の意図を感じる。

つまり、敗戦以前の昭和天皇は、幼少期を除いて人間的なエピソードで語られることがほとんどない。軍事、政治に生真面目に対応したその人間性が、ほとんど見えてこない。むろん記者会見などなかったわけだから、当然と言えば当然だが、軍事主導体制下における天皇の素顔が、『実録』の敗戦以前には見当たらないのである。

対して敗戦以後の『実録』の記述は、昭和天皇の人間的な素顔の紹介に努めている。たとえば昭和四十七年（一九七二）五月十八日の春の園遊会については、国会議員らに会釈したことなどを細かく描写し、「特に沖縄県知事屋良朝苗（やらちょうびょう）（一九〇二―一九七）に沖縄復帰を喜ばしく思う旨のお言葉を掛けられる」と記している。こうした人間的なエピソードが敗戦以後の随所に見られる点に、私は歴史上の意味を見出しているのである。

『実録』を読んでいると、軍事優先で国を興そうとしながら逡巡を繰り返した明治天皇と、非軍事的な文化や伝統を尊んで人間たろうとした大正天皇の、二人の性格や考え方が、昭和天皇に注がれ、凍結保存されたのではないかとも思えてくる。幼少期のエピソードの一つ一つに二人の天皇の性格や考え方が反映しており、昭和天皇の不変の原形を成したと思われ、敗戦以後の「人間」「象徴」にもつながってくる。一般には、社会環境に応じて人格も変わるものだが、しかし天皇にそのような変容があまり感じられないのはなぜなのか。

社会的関係性、なかでも経済を軸にした他者との結びつきがないために、生涯を通じて人格上の変容があまり起こらないのが、天皇の存在する所以だと私は考えている。純化したまま一生を終える姿は、日本人の道徳律の範たり得る存在としての意味を持つ。この意味をふまえて『実録』を読み抜けば、昭和史への理解の幅も広がるであろう。天皇の実紀、実録とは、その確認のためにあると断じていいのではないか。

あとがき

本を読み、その書評を書くことは、楽しくもあり、苦しくもある。新しい知識や視点を得た時の喜び、巧みな文体や構成を味わった時の感動は、私を楽しくさせる。一方、事実誤認、独断と偏見による意図的な結論、引用の曖昧化などを目にした時は、読むのが途中で苦しくなる。

書評とは、その本の著者の個人的感情よりも、本そのものの持つ社会性や歴史的意味を問うのが使命だと私は思っているが、しかし内容に信頼を置けなければ、やはり書評対象からは外すべきだろう。いや、外さなければ、評者の信用が問われることになる。

書評で取り上げたいと思っていた本の論理が、後半からご都合主義に走り、途中で読むのをやめたこともある。明らかに他書から引用しているのに、自分の文章のように装う著者の、狡猾な計算が見透かされて不愉快になったこともある。時に負うことになる評者の苦しさだが、では逆に、自著が評される場合、私はどんな感想を持つか。正直、どう評されようと、とくに腹を立てることもなければ、過大に喜ぶこともない。なるほどこういう読み方があるのだなと思うようにしている。百人読めば百通りの読み方がある。たまたま評者はこう読んだのだと思うのみだ。

むろん批判されるより、好意的に書いてくれたほうがいい。しかし、好意的に書かれたからといって、その書評に執着することもない。私の執筆姿勢も何ら変わることはない。一本の書評だけを絶対視することは、その筆者だけに重荷を背負わせることにもなるし、読者全体のイメージを見失うことにもなる。節度が必要ということになろうか。

ある作家から病的な読者の話を聞いた。この読者は、自分のテーマを彼が盗んだと訴えてきたそうだ。彼の作品はほとんど読んでいるようだが、会ったことはない。知り合いでもなく、会話を交わしたこともないのに、難癖をつける手紙やメールを送ってきて、彼は困惑していると言うのだった。物書きなら多かれ少なかれ経験のあることだろう。とくに対処法はなく、反論も面倒で、ほとんどが無視し、放置するわけだが、思い込みが妄執に変わると、悪いほうに独り歩きすることもある。病的な虚言を鵜呑みにした第三者からの誹謗中傷など、作家個人では抱えきれない問題に発展することもある。読者にも節度は必要だろう。

鵜呑みは評者の側にも見られることがある。ある新聞の書評欄で、「まえがき」と「目次」と「あとがき」だけを読んで書いたと思しき文章を目にした。内容の分析がなく、単なる紹介記事になっており、すでにこの本を読んでいた私にはすぐにわかった。書評には紹介記事の類もあるから、それを否定しているのではない。この本は、文中に頻出する単語が、たまたま「あとがき」で誤記されていたのだ。本文に向き合わず、この「あとがき」の誤記を鵜呑みにしてそのまま用いた評者を、私は心底軽蔑した。十年以上も前のことになるが、今でも思い出し、不愉快になる。決して同じ過ちを犯さぬよう、私自身の戒めとしている。

こんなこともあった。地下鉄に乗っていた時、対面に座っていた人が立ち上がり、近づいてきて、私であることを確かめる質問をした。コロナ禍の前で、もちろんマスクなどしておらず、私が渋々頷くと、彼は名刺を差し出し、ある出版社の経営者だと告げ、頻りに礼を言うのだった。彼の社が出版した本を私が書評していたのだ。私は通り一遍の挨拶をして、次の駅で降りるからと言い、その場を離れた。私との縁をつないでおこうとするようなこの時の出版社の経営者の姿勢は、ルール違反と言えるのではないだろうか。書評に出版社は関係ない。つまり私が評した本が、彼の社の出版物か否かは無関係で、礼を言われる筋合いはない。ただ、そんなふうにも言えない私は、次の駅で降りることで距離を置き、評者としてあらゆる関係性を排し、本のみに向き合うべき立場を守ったのだった。

苦しくなることばかりを書き連ねてしまったが、楽しみだってある。十五年ほど前になるだろうか、ある分野の権威とされる研究者が長い手紙をくれた。私は彼の本の書評をしていた。手紙の内容は、彼の本のなかの、ある十行ほどの部分を、私が読み解いたことへの感謝だった。その十行を言いたくて書いた本だと、手紙にはあった。誰も注目しなかったが、あなたは読み抜いてくれたと、その部分の解説も手紙には記されていた。それは私の宝になった。私は返事を書かず、まさに一期一会となったわけだが、忘れ難い思い出で、書評の楽しみと言えよう。

＊

本書は、私が記してきた書評をまとめた一冊だ。書評委員を務める朝日新聞の読書欄で記したものを軸に編集されている。昭和史関連の書評を集めて「本棚」をつくろうという、幻戯書房の田口博氏との会話のなかから生まれた。丁寧な本づくりをするこの社に、私は信頼感を持っているが、そのような書になったことに、あらためて感謝したい。同時に、私の書評の担当記者、編集者たちの協力にもお礼を言いたい。

令和三年一月　コロナ禍の日々のなかで

保阪正康

れ

ろ

わ

ほ

ま

み

む

め

も

は

ひ

ふ

へ

て

と

な

に

の

せ

そ

た

ち

つ

さ

し

す

き

く

け

こ

人名等索引

50音順／＊印は架空名

あ

い

保阪正康（ほさか まさやす）

昭和十四年（一九三九）北海道生まれ。同志社大学文学部社会学科卒。ノンフィクション作家、評論家。「昭和史を語り継ぐ会」主宰。日本近現代史とくに昭和史の事象、事件、人物に題材を求め、四千人余の当事者、関係者への直接取材で得た証言を基に、ノンフィクション、評論、評伝など執筆を続けている。医学・医療と社会の関係や教育をテーマにした著書も多い。著書『ナショナリズムの昭和』（二〇一六）で平成二十九年（二〇一七）和辻哲郎文化賞受賞。

個人誌「昭和史講座」刊行など一連の研究で平成十六年（二〇〇四）菊池寛賞受賞。著書『ナショナリズムの昭和』（二〇一六）で平成二十九年（二〇一七）和辻哲郎文化賞受賞。ほか、著書に『死なう団事件　軍国主義下の狂信と弾圧』『五・一五事件　橘孝三郎と愛郷塾の軌跡』『東條英機と天皇の時代』『三島由紀夫と楯の会事件』『六〇年安保闘争』『瀬島龍三　参謀の昭和史』『幻の終戦　もしミッドウェー海戦で戦争をやめていたら』『昭和陸軍の研究　上下』『「きけわだつみのこえ」の戦後史』『秩父宮　昭和天皇弟宮の生涯』『吉田茂　戦後日本の設計者』『皇后四代　明治から平成まで』『日本解体　「真相箱」に見るアメリカGHQの洗脳工作』『「特攻」と日本人』『昭和天皇』『松本清張と昭和史』『大本営発表という権力』『東京裁判の教訓』『崩御と即位　宮中で何が起こっていたのか』『官僚亡国　軍部と霞が関エリート、失敗の本質』『田中角栄の昭和』『農村青年社事件　昭和アナキストの見た幻』『日本の原爆　その開発と挫折の道程』『帝国軍人の弁明　エリート軍人の自伝・回想録を読む』『山本五十六の戦争』『新・天皇論』『石橋湛山の65日　自由主義者の夢と幻』など多数。

昭和史の本棚

二〇二一年四月十四日　第一刷発行

著　者　保阪正康
発行者　田尻　勉
発行所　幻戯書房
郵便番号一〇一‐〇〇五二
東京都千代田区神田小川町三‐十二
電　話　〇三‐五二八三‐三九三四
ＦＡＸ　〇三‐五二八三‐三九三五
ＵＲＬ　http://www.genki-shobou.co.jp/

印刷・製本　中央精版印刷

定価はカバーの裏側に表示してあります。

ISBN978-4-86488-218-7　C0095

ナショナリズムの昭和　保阪正康

「ナショナリズム」という言葉を、左翼的偏見や右翼的独善から解放する。1945年8月15日以前と以後の国家像を検証し、後世に受け継ぐべき思想を探る1500枚。昭和史研究の第一人者が、天皇制―社会―国民の関係性を追究し、日本近現代史を客観的に総括した集大成かつ決定版。**和辻哲郎文化賞受賞作**　4,200円

もう一つ上の日本史　『日本国紀』読書ノート・古代〜近世篇　浮世博史

「教科書のほうが、こんなに面白い」。昨今の書籍やネット上に蔓延する、俗説・デマ・ヘイト――そのカラクリを、人気教師が豊富な資料でやさしく徹底解説。もう騙されたくない人のための、歴史教育の新常識。百田尚樹『日本国紀』その他の誤りを、ていねいに説いた充実の大作。まずは縄文から江戸時代まで。　2,400円

もう一つ上の日本史　『日本国紀』読書ノート・近代〜現代篇　浮世博史

「教科書が教えない歴史」を、まだ信じていますか？　インターネットの普及以降、断絶した日本人の近現代史観。しかし実は、教科書のほうが一般書よりも日々、アップデートされている。現役教師が伝える歴史リテラシーの基本。陰謀論や都合のいい史料のつまみ食いを戒め、幕末から現代までの俗説を正す。　2,400円

絵筆のナショナリズム　フジタと大観の〈戦争〉　柴崎信三

昭和期、〈美〉は〈政治〉に呑み込まれていった――「乳白色の肌」で成功した藤田嗣治の暗転。「富士」を描きつづけた横山大観の生命力。両者をつなぐ〈日本〉という表象には、〈天皇〉を頂くこの国固有の構造が組み込まれている。国家と民族をつなぐ〈美〉の媒介者としての〈天皇〉とは何か。書き下ろし。　2,800円

昭和の読書　荒川洋治

文学の風土記、人国記、文学散歩の本、作家論、文学史、文学全集の名作集、小説の新書、詞華集など、昭和期の本を渉猟し、21世紀の現在だからこそ見える「文学の景色」を丁寧に提示する。「昭和期を過ごした人の多くは、本の恵みを感じとっている」。書き下ろしが6割にまで達したエッセイ集。　2,400円

卑弥呼、衆を惑わす　篠田正浩

その鬼道に見る、女神アマテラスを祀る天皇制の始原。20世紀の現人神の神聖に通底する3世紀の巫女王の呪性。記紀と倭伝の齟齬を衝き、神話と正史の結節点を探った、日本人および日本国起源の再考。天孫降臨から昭和の敗戦、そして現在の「象徴」までを見据えた通史。万世一系の皇統を支えた集合的無意識とは。書き下ろし。　3,600円